日本の遺跡10

白河郡衙遺跡群

鈴木　功 著

同成社

関和久遺跡2号掘立柱建物跡（白河郡衙の正倉に位置づけられた遺構）

福島県文化財センター白河館（まほろん）で復元された正倉

借宿廃寺跡
下総塚古墳

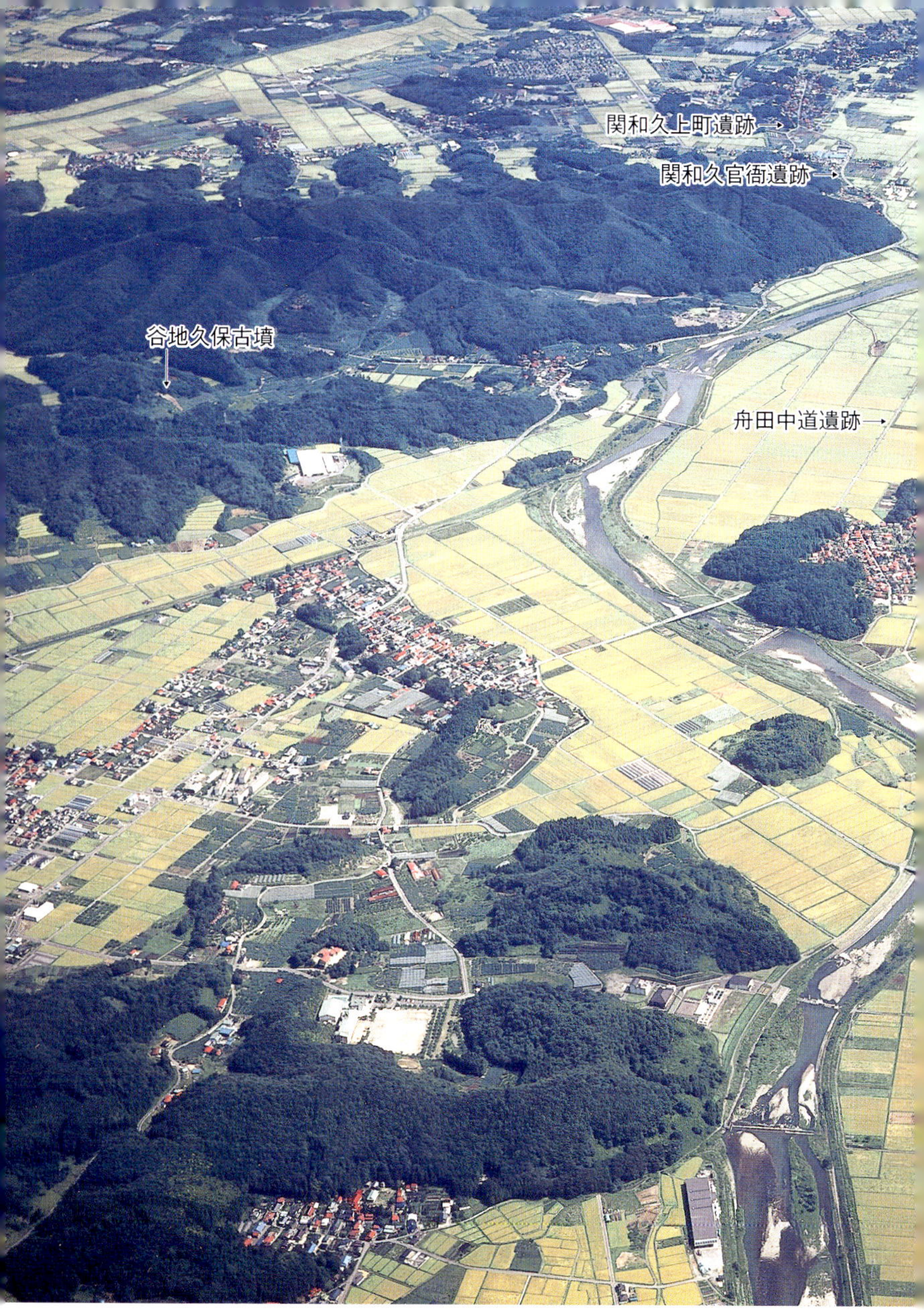
関和久上町遺跡
関和久官衙遺跡
谷地久保古墳
舟田中道遺跡

白河郡衙遺跡群景観

下総塚古墳（「白河国造」墓の可能性が高いとされる６世紀後半の前方後円墳）

谷地久保古墳（畿内的特徴をもつ７世紀後半～８世紀初頭の古墳）

目　次

カバー写真　豪族居館が発見された
舟田中道遺跡全景
装丁　吉永聖児

白河郡衙遺跡群

はじめに

都をば　霞とともに立ちしかど
秋風ぞ吹く　白河の関

これは、平安時代の歌人能因法師が、白河関を詠んだ有名な歌である。

福島県白河市。東は奥羽脊梁山脈、西は阿武隈高地に挟まれた福島県中通り地方の最南端部に位置し、栃木県と境を接する人口四万八千人ほどの小さな街である。

この街こそ、古代において人びとや物資の往来を取り締まる検問所、蝦夷の南下を防ぐ砦としての機能を併せもった「白河関《しらかわのせき》」が置かれた場所なのである。

白河関の名は、奈良・平安時代の文献資料に記されているが、何よりもその名を有名にしたのは、文学の世界においてである。

都から遠く離れた辺境の地、ある種の異国情緒をも感じさせる都人憧憬の地として、多くの古歌に歌枕として登場する。

こうして歴史・文学の世界において、その名を留めた白河関の実像は、いったいどのようなものであったのであろうか。また、関を支えた当時の社会構造とは。

これらの問いに答える取り組みは、昭和三十年代半ばより、白河関の森遺跡の発掘調査から始まった。

昭和四十年代後半から五十年代にかけては、古くより礎石や瓦の存在が知られた関和久《せきわく》遺跡の発掘調査が、昭和五十年代後半から平成の初期にかけては関和久上町《せきわくかみちょう》遺跡の調査がそれぞれ実施され、古代白河郡衙および郡衙周辺に展開する官衙の存在が指摘できる成果を挙げている。

こうして、四半世紀にわたり実施された調査により、古代白河郡の中枢部の様相が顔を見せ始めたのである。

しかし、調査の多くが史跡指定を目指した確認調査であったこともあり、関・郡衙との位置づけがなされたものの、その全体像を示すまでにはいたらず、それぞれの遺跡の全容解明をはじめとして、古代白河における社会構造、あるいは郡衙成立前夜の様相の解明といった諸問題については、将来の課題としてもち越されることとなったのである。

近年、こうした課題のうち、郡衙成立前夜の様相について、一つの道筋を示せる状況が浮上してきた。それは、一つの遺跡の調査がもたらした、大きな発見が始まりであった。

本書においては、近年における考古学的調査成果をもとに、古代白河の中枢を担った遺跡群の様相について、触れてみたいと思う。

そのため、過去において調査がなされた遺跡の位置づけをあらためて整理するとともに、主役となる遺跡群の発見から調査、そして保存という流れのなかで、先人達がどのようにかかわりをもち、今日にいたっているのかという点についても可能なかぎり触れてみたいと思う。

また、遺跡保存の一事例という観点から、一つの遺跡の発見により繰り広げられた遺跡保存活動の経過についても紹介したいと思う。

今後、解明しなければならない点は多くあるものの、白河という地において、ようやくその姿を現し始めた律令制成立前後の歴史の舞台を紹介することにより、白河が陸奥国においてどのような役割をはたしてきた場所であるのかを知っていただければさいわいである。

I　みちのく白河

関東平野を北上し栃木県に入ると、それまで低平であった空間に高く聳え立つ山塊が現れる。さらに北上をつづけると、東西に広がる山塊の幅はしだいに狭まり、いつしか壁にぶつかる。

ここが、関東（栃木県那須町）と東北（福島県白河市）の境であり、古代において国境の関である白河関が設けられた場所なのである。国境は、おおむね北緯三七度〇分五六秒に位置する。

古代における関の設置は、白河の地がいつの時代においても北のボーダーラインとしての役割を宿命づけるものとなり、以後日本の歴史の大きなうねりのなかで、その名を刻むこととなる。

そもそも白河関跡が、現在地である白河市旗《はた》宿《じゅく》関の森とされたのは、白河藩主松平定信が考証し、一八〇〇（寛政十二）年に「古関蹟」の碑を建てたことに始まる。

戦前の一九三七（昭和十二）年には、文部省より史跡の仮指定を受け、さらに一九五八（昭和三十三）年六月二十一日付で、ふたたび仮指定を受けた。

一九五九（昭和三十四）年からは、史跡の本指定を受けるため、五カ年をかけて調査が実施され

図１　白河関跡遠景（中央の独立丘陵）

図２　古関蹟碑

図3　白川城跡（中央の丘陵）

ている。

　調査では、古代の遺構・遺物が確認されたものの、関跡としての実態解明にはいたらなかった。しかし、関跡の存在を示唆する遺物の存在と、地理的考証も加わり、一九六六（昭和四十一）年国史跡の本指定を受けたのである。

　一一八九（文治五）年、源頼朝による奥州征伐に従い、功名をあげた結城朝光は、その恩賞として白河庄の地頭職を与えられる。朝光の孫祐広は、一二八九（正応二）年頃、下総結城より移住し、白川城を本拠としたと伝えられる。祐広の嫡男宗広は、後醍醐天皇の命により新田義貞らとともに建武の中興（一三三四）を実現させ、南北朝期には義良親王（後村上天皇）を奉じて、北畠顕家とともに北朝方である足利尊氏と戦った奥州南朝派の中心人物である。

　結城氏の本拠と位置づけられる白川城（福島県

図４　小峰城跡全景

図５　復元された小峰城跡三重櫓・前御門

指定史跡）は、白河市の中心部より東に位置している。およそ、三五ヘクタールという広大な面積を誇り、平場・土塁・堀といった遺構が、今なお良好な状態で残されている。

未だ発掘調査は行われておらず、城郭の成立時期や変遷、廃城時期の確認等については、今後に委ねられるが、文献資料の研究成果から、永正年間（一五〇四～一五二〇）頃には、白河結城氏の本城は小峰城に移ったものと推測される。

なお、白川城の一角には、一八〇七（文化四）年に地元の大庄屋内山官左衛門重濃が、結城宗広・親光親子の忠烈を不朽に伝えようと、私財を投じて刻んだ高さ七・六メートル、幅二・七メートルの磨崖碑が存在している。「感忠銘碑」とよばれるもので、題字「感忠銘」は、藩主松平定信の書による。

小峰城は、南北朝期の興国・正平（一三四〇～六九）頃、結城宗広の嫡男親朝が築いたのが始まりとされる。小峰ヶ岡とよばれる、東西に長い丘陵を利用して構築されていることから、小峰城とよび習わされている。

一五九〇（天正十八）年、小田原征伐に参陣しなかった白川義親は、豊臣秀吉に所領を没収され、結城氏による白河支配は終わりを告げる。

同年八月の奥羽仕置により、小峰城は会津の支城として、蒲生氏郷、上杉景勝、蒲生秀行の支配下におかれるようになる。

近年存在を確認した白河城慶長古図は、蒲生秀行時代に整備がなされた、城郭と城下の様子を示している。

一六二七（寛永四）年、蒲生氏の改易により丹羽長重が棚倉より入封し、白河藩が成立する。

初代白河藩主となった長重は、幕命を受け一六二九（寛永六）年より、四年の歳月をかけ、城郭の改修を行った。

図６　境の明神

再蒲生氏のときにくらべ、阿武隈川の流れを北側に変え、屋敷地の拡大を図るとともに、三の丸を拡張し、現在にその名残を留める梯郭式《ていかくしき》平山城をつくり上げる。本丸・二の丸を中心に随所に石垣を用いた城郭の姿は、艶やかさはなくとも静かななかに威厳すら感じさせるたたずまいである。安土城の普請奉行を務めた丹羽長秀の血を受け継ぐ、長重ならではの造作といえる。

なお、長重の改修により、阿武隈川が城の北側に流れを変えたことは、屋敷地の拡大もさることながら、北方に存在する外様大名勢力への意識を鮮明に表したものととらえられる。これは、北側の堀幅を広く深くしている点、また本丸から東に延びる丘陵北面に石垣を手厚く配していることからもいえ、奥州の関門として、この城の担った役割を具現化している構築物といえよう。

一六八九（元禄二）年三月、俳人松尾芭蕉と曽良は「おくのほそ道」の旅に出発し、四月二十日（陽暦六月七日）みちのくの第一歩を印した場所が、境の明神である。このとき芭蕉は「心許なき日かず重るままに、白川の関にかかりて旅心定まぬ」と心情を記している。また曽良は「卯の花をかざしに関の晴着かな」の句を詠んでいる。

境の明神は、現在も県境を挟んで白河市側に玉

図７　白河市域図

津島神社と栃木県那須町側に住吉神社が存在しており、古くからの景観が残されている場所である。

江戸後期、白河藩主となったのが松平定信である。老中首座として「寛政の改革」を断行したことはあまりにも有名であるが、文化人としての定信の業績もまた目をみはるものがある。

全国的な文化財の記録書である『集古十種』をはじめ、藩内における町・村の風土や由来、古跡などを記した書を残している。また、白河関跡の場所の考証、四民共楽の地としての南湖の造営、三の丸御殿内における三郭四園の築庭など、白河にも大きな足跡を残している。

一八二三（文政六）年、定信の跡を継いだ定永のとき、桑名藩（三重県桑名市）へ移封となり、変って忍藩（埼玉県行田市）より阿部氏が入封する。

その後、阿部氏の藩政は八代つづいたが、老中阿部正外が兵庫開港問題で罷免され、一八六六（慶応二）年に家督を継いだ正静のとき、棚倉へ移封となる。以後、白河は幕府直轄領となり、二本松藩丹羽氏が監守するところとなる。

一八六八（慶応四）年、戊辰戦争白河口の戦いにより落城し、二四〇年にわたる奥州の関門としての役割を終えることとなる。

戊辰戦争といえば、会津の知名度が高い。しかし、会津侵攻に先駆け幕府軍と西軍が大激戦を展開したのが、この白河の地である。これは、奥州の入口であるこの地を死守することの重要性が示されたできごとであったといえよう。

古代以来、陸奥の入口としてさまざまな歴史の舞台となった白河。高速交通網の発達した現在、東北新幹線で東京から八〇分ほどでたどり着き、古代のように辺境の地とのイメージではない。しかし今でも「みちのく」の玄関口であることにはなんら変わりはないのである。

Ⅱ　遺跡にかかわる人びと

遺跡は、過去における人類の生活の場であり、当時の人びとの足跡が、そこには刻まれている。人知れず忘れ去られた遺跡が、現代にその姿を現し、時として予想もしない発見と感動をわれわれに与えてくれる。

こうした、驚きと感動の背後には、遺跡に想いをはせ、夢と希望を胸に抱いて、遺跡の性格を解き明かし、またはその重要性を鑑みて、守ろうした人びとの活躍があったことを忘れてはならない。

ここでは、白河の文化財保護に大きな足跡を残した人びとについて触れてみたい。

（一）藩主松平定信

白河における文化財保護を語るとき、まずはじめに名を挙げられるのは、江戸後期の白河藩主松平定信である。

定信は、徳川御三卿田安宗武の子（八代将軍徳川吉宗の孫にあたる）として生まれるが、一七七四（安永三）年白河藩主松平定邦の養子となり、一七八三（天明三）年白河十一万石を襲封した。一七八七（天明七）年から一七九三（寛政五）

図８　松平定信肖像画（福島県立博物館所蔵）

図９　『白河風土記』・『白河古事考』

年まで、老中首座として寛政の改革を行ったことはあまりにも有名である。定信は、老中を辞した後藩政に力を注ぐと同時に、文化面でも大きな足跡を残した。

　全国規模の古文化財調査事業の集大成である『集古十種』・『古画類聚』を編纂したことは周知の事実であるが、藩内においても各村々の風土や由来、神社・仏閣、古蹟を調査し『白河風土記』・『白河古事考』を編纂している。これらは、江戸期において古蹟（遺跡）がどのように評価されていたかを知る上で、貴重な情報源となっている。

図10　岩越二郎

そのほか、日本最初の公園といわれる南湖の造園、古代に存在した「白河関跡」の探索と位置の考証など、数多くの文化財保護事業、文化事業を展開している。

定信による文化財保護の精神は、明治期の阿部正功（白河藩主阿部正静の子、明治元年棚倉藩主）による活動、大正から昭和にかけての岩越二郎と藤田定市へと受け継がれていく。

現在、白河市内には二六三カ所の周知の埋蔵文化財が存在している。このうちのおよそ半数は、大正末年から昭和三十年代までの間に、岩越二郎と藤田定市により発見されたものである。

両者は、本書で取り上げる遺跡群へのかかわりも深く、白河の遺跡を語る上で欠くことのできない考古学者である。また、黎明期における福島県考古学会で活躍し、多くの足跡を残した人物でもある。二人の業績とその人物像に触れてみたい。

（二）岩越二郎《いわごえじろう》の業績

岩越二郎は、一八九二（明治二十五）年熊本県に生まれる。一九一八（大正七）年東京美術学校彫刻科（現東京芸術大学）を卒業し、同時に研究科へ進んでいる。一九二四（大正十三）年、岩越の同郷で白河中学校の校長をしていた工藤正勝の誘いを受け、旧制白河中学校の教員となった。教員生活は、一九五二（昭和二十七）年の白河高等

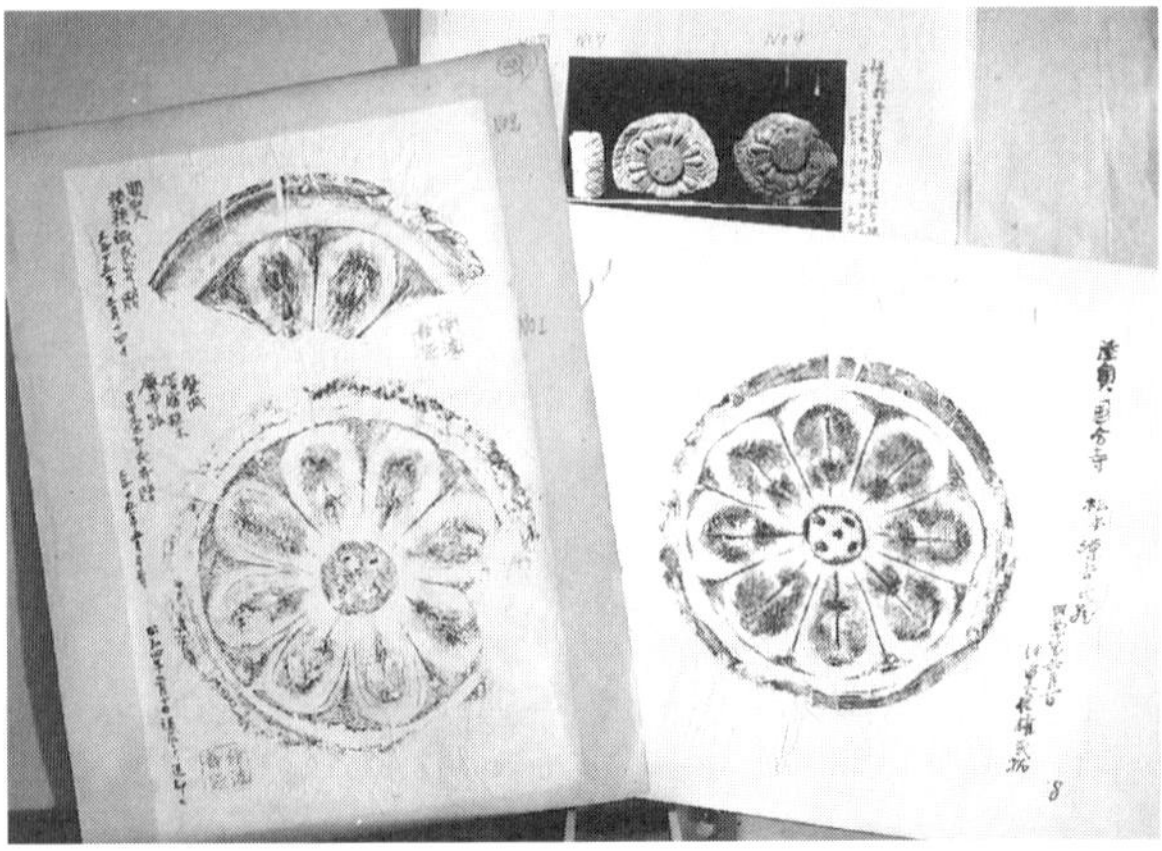

図11　岩越コレクション（瓦拓本等）

学校を最後に幕を閉じるが、美術と書道の教科を受けもっていた。

　岩越が、教員生活の傍ら考古学の世界へ足を踏み入れていくのは、白河中学に奉職して間もない大正十三年頃からである。

　遺物の収集や拓本の採取を始めとして、遺跡の調査も手がけているが、収集した遺物は白河市内にかぎらず、福島県内はもとより全国各地におよび、その数三六七遺跡を数える。

　現在、岩越が収集した遺物や採取した拓本資料は、原稿や写真資料などとともに、岩越二郎コレクションとして白河市歴史民俗資料館で保管している。

　岩越の収集資料の中心をなしているのは、瓦と瓦の拓本資料である。

　瓦は、白河市内の借宿廃寺跡《かりやどはいじ》、関和久《せきわく》遺跡などの地方官衙・寺院関係資料を始めとして、全国各地の国分寺など官寺の資料が存在し、なかには朝鮮半島で収集された瓦も含まれている。

　拓本資料については、瓦を始めとして、梵鐘、板碑、宝篋印塔、歌碑、句碑、懸仏、仏像、鏡、古銭、経筒、鰐口、雲版、笈などの多種類に及んでいる。その数、九三七件四二八五枚に達する。

資料中の梵鐘拓本のなかには、第二次世界大戦時の供出により失われたものや、大宰府観世音寺鐘、鎌倉建長寺の鐘など国宝に指定されているものも含まれており、貴重な資料となっている。

岩越の資料は、すべて履歴が細かく記されており、遺物・拓本資料とも出自が明らかであることが非常に特徴的である。

調査に目を向けると、一九二六（大正十五）年の谷地久保《やちくぼ》古墳の測量調査、一九三二（昭和七）年の下総塚《しもふさづか》古墳の石室調査、昭和九年頃の借宿廃寺跡の調査を手がけている。

調査においては、精緻な実測図やガラス乾板による写真が残されており、これらの資料は、現在岩越の調査時とは姿を変えてしまっている谷地久保古墳、下総塚古墳については、非常に貴重な情報源となっている。

調査の記録は、いち早く公開し遺跡の性格を明らかにすることはもとより、遺跡の重要性から保存の必要性を訴えるなど、文化財保護の先進的活躍はわれわれの指針となるものである。

福島県文化財専門委員や白河市文化財専門委員として文化財の保護にも尽力し、一九七〇（昭和四十五）年、七十七歳で没する。

（三）藤田定市《ふじたさだいち》の業績

藤田定市は、一九一〇（明治四十三）年白河市に生まれる。立正大学高等師範部地歴科を卒業し、一九四四（昭和十九）年より白河農業高等学校の教壇に立った。この頃より、市内の遺跡の踏査を行い、遺物の収集とともに文化財保護活動を行うようになる。一九五〇（昭和二十五）年に

図12　藤田定市（『福島県人物風土記』より）

は、天王山遺跡の発掘調査を行い、弥生土器や石器を発見している。

調査後は、ガリ版刷りで「天王山遺跡の調査報告」第一版・第二版、「天王山式土器の紋様図集」、「天王山遺跡の出土品について」を刊行している。調査後、間をおかず報告書を刊行した姿勢は、現在のわれわれも範とすべきことであろう。

出土した土器については、調査後まもなく坪井清足により「天王山式土器」と命名され、現在では東北地方南部における弥生時代後期の標識資料となっている。

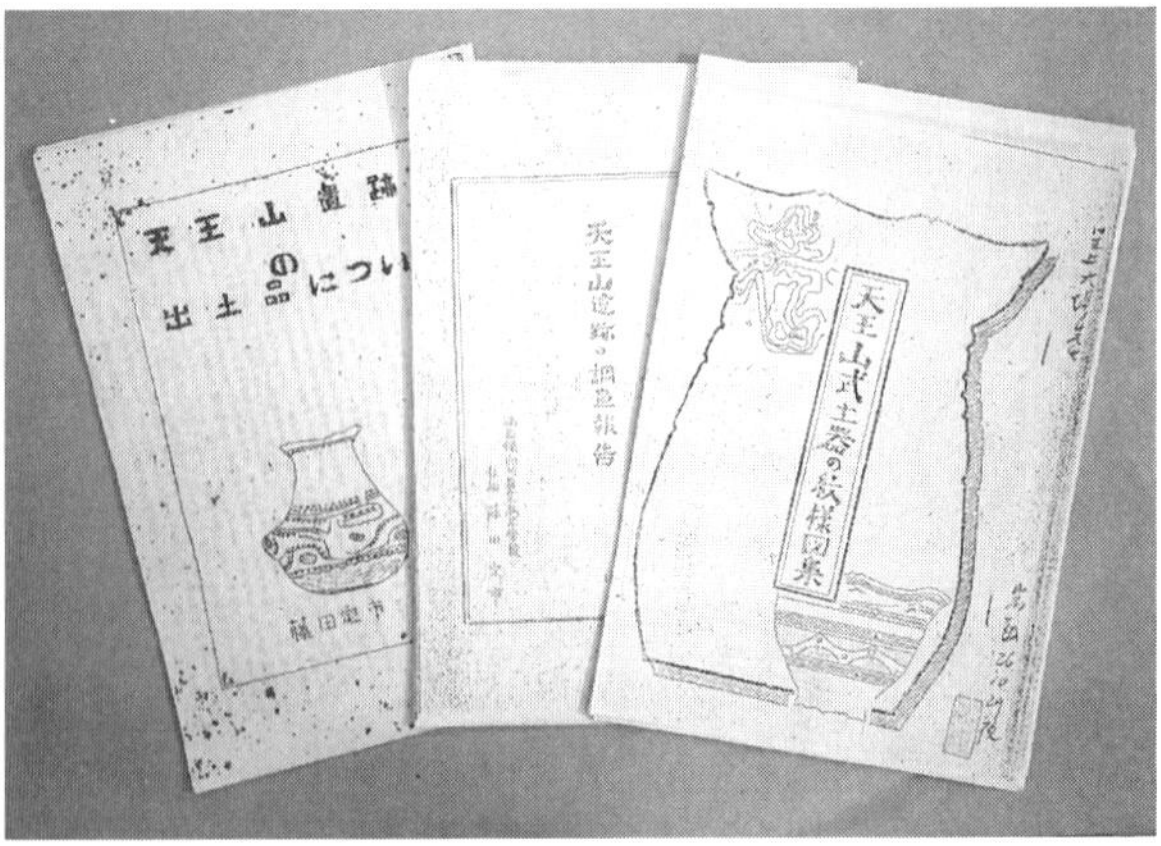

図13　天王山遺跡のガリ版刷報告書

天王山遺跡の調査以降も、資料の収集を精力的に行うとともに、工事にともなって偶然にも遺物の出土があった遺跡については、極力資料の保存に努め、あわせてそれらの遺物について、ガリ版刷りで紹介している。

昭和二十八年、関和久地内において礎石を発見しているが、この発見は、後に実施された調査の基礎資料となっている。

世代的にも岩越とは師弟関係にあり、先の天王山遺跡や白河関跡（関の森遺跡）の調査などに同道している。

藤田は、休日を利用して白河市周辺の県南地方をはじめ、福島県内の各地に赴き踏査を行っており、その際収集された資料は現在白河市に寄贈され、藤田定市コレクションとして白河市歴史民俗資料館に保管されている。

棚倉高校の教員であった一九六六（昭和四十一）年、五十八歳で没している。

松平定信の時代に編纂された『白河風土記』・『白河古事考』の記載を、二人の考古学者はつねに意識し、調査研究の基礎としていたことがうかがえた。

そして、十分な情報がない時代においても、絶えず周辺地域との比較検討を忘れることなく、遺跡の性格を把握し、その重要性を訴えたことが、下総塚古墳や借宿廃寺跡、谷地久保古墳、関和久遺跡といった重要遺跡の保存に繋がったことはいうまでもない。

白河における松平定信以来の文化財保護の精神は、二人の先達に負けることなく、われわれが引き継いでいかなければならない。

Ⅲ　古代白河郡

「割㆓陸奥国之石城、標葉、行方、宇太、日（亘）理、常陸国之菊多六郡㆒、置㆓石城国㆒、割㆓白河、石背、会津、安積、信夫五郡㆒、置㆓石背国㆒、割㆓常陸国多珂郡之郷二百一十烟㆒、名曰㆓菊多郡㆒、属㆓石城国㆒焉」

これは、『続日本紀』養老二（七一八）年五月二日の条で、現在の福島県域にあたる太平洋側の六郡を割いて石城国を、他の五郡を割いて石背国を置いたことを記したものである。「白河」という名が、日本の歴史のなかに初めて登場する文献である。このことから、文献上では八世紀初めの段階で、陸奥国白河郡が成立していたことを確認することができる。

この後も、『続日本紀』神亀五（七二八）年の白河軍団設置の記述をはじめ、『日本後紀』や『河海抄』、『類聚三代格』、『倭名類聚抄』等の文献に、白河郡人の賜姓や白河関守に関する記述のなかにその名を見ることができる。

平安時代の前期に記された『倭名類聚抄』（『和名抄』）には、全国の郡にどのような郷があったのかが記されている。

これによると、陸奥国白河郡には、大村・丹

表1　白河郡の郷名一覧

郷名	遺称地と想定地域	根拠
大村	白河市大村で、明治19年まであった中・近世の郷・村名。市街地東方阿武隈川沿岸の沖積平野一帯。	鹿島神社永徳2年鍵に白川郡大村郷とある。
丹波	「大日本地名辞書」は、たには→たじまに訛って、田島とする。「日本地理志料」は、大信・天栄村境の丹波楯山とし、大信・泉崎村とする。	
松田	「延喜式」の松田駅家にあたる。「大日本地名辞書」は東村釜子とする。同村上野出島で発掘された6遺跡は中心集落。	表郷村に字松田がある。
入野	延元4年結城文書に、「いののかう」（入野の郷）とある。「白河古事考」に棚倉の地を井のの庄と云、入野なるべしとある。棚倉町と考えられる。	結城文書 白河古事考
鹿田	「大日本地名辞書」は、浅川町・鮫川村かとする。「日本地理志料」は、鮫川村・古殿町とする。石川郡の浅川・古殿地方に比定。	
石川	鎮守府将軍源満仲の曽孫有光は、1063年藤田郷に入り、のち三蘆城（石川町）に移る。玉川村岩法寺に子の基光の五輪塔がある。玉川村か。	国重文治承5年銘五輪塔
長田	「日本地理志料」は、平田村の「永田」を遺称地とする。永田村は近世村名で明治19年まで存在した。平田村と考えられる。	永田村
白川	郡の中心郷の名称だから、白河郡家のある泉崎村と考えられる。関和久遺跡の発掘で、「白」の墨書土器31点が出土している。	関和久遺跡「白」字墨書土器
小野	「延喜式」の雄野駅家で、国境の駅である。下野の黒川駅家（那須町伊王野）から16kmは白坂皮籠である。旧白坂村とみられる。	黒川駅家より30里（16km）
駅家	「延喜式」の雄野駅家。小野郷と駅家郷ではなく、小野駅家とみて、小野の重出と考えられる。	
松戸	和名抄高山寺本・元和本は「松田」とする。その場合、重出となる。「大日本地名辞書」は滑津・中畑村、「日本地理志料」は矢吹町松倉とする。	
小田	近世の小田倉・小田倉新田・小田新田村は、明治10年合併して小田倉村となる。西郷村の谷津田川流域とみられる。	近世村名小田倉村は明治10年まで存在
藤田	石川町中野の藤田城を遺称地とする。「日本地理志料」は石川町・玉川村をあげる。	藤田城
屋代	社は都々古別神社で、その故地は建鉾山である。その北を流れる社川流域が屋代郷に比定される。	近世の社仁井田村（表郷村）社川
常世	中世の常世郷・近世の常世中野村・常世北野村（塙町）は現存する地名である。	常世中野・常世北野
高野	久慈川沿岸の矢祭町に高野・中高野・高野前、塙町に高ノ平・高ノ里がある。羽黒山丘陵の東が常世郷、西が高野郷。	地名の高野
依上	「大日本地名辞書」に、久慈川依上村・大子村・黒沢村・宮川村の地とする。茨城県大子町に比定される。	依上村

波・松田・入野・鹿田・石川・長田・白川・小野（駅家）・松田・小田・藤田・屋代・常世・高野・依上の十七郷がみられる。養老「戸令」では、二十里（郷）～十六里を大郡と定めているが、陸奥国において十七の郷を有するのは白河郡だけであり、陸奥国唯一の大郡と位置づけられる。

白河郡を構成した郷については、そのすべてについて推定がなされているわけではないが、鈴木啓により表1のように整理されている。

図14　古代白河郡の範囲

現在の行政区分でいえば、福島県白河市、西白河郡、東白川郡、石川郡、茨城県大子町の広大な範囲である。

では、十七郷を要した陸奥国唯一の大郡白河郡の中枢である郡衙は、どこであったのであろうか。一九七二（昭和四十七）年から一〇年間にわたる関和久遺跡の発掘調査により、この地が古代白河郡衙であることが明らかにされた。次に、その内容について見てみたい。

1　白河郡衙発見への第一歩

白河市の東部に隣接して、西白河郡泉崎村がある。この村の西南端、阿武隈川の左岸に位置するのが関和久遺跡である。別項で説明を加える白河市の舟田中道《ふなだなかみち》遺跡や下総塚古墳からは、東へ約二キロのところにあたる。

大正十五年に、岩越二郎らにより瓦が採集（図15）されたことを契機として、この遺跡の存在がクローズアップされるようになる。

岩越は、瓦の収集を積極的に進めると同時に、この地より出土する瓦が、白河地方の古代史研究に重要な意味をもつことを強調し、広く遺跡の紹介に努めている。

関和久より瓦が出土することについては、一九三五（昭和十）年に内藤政恒が『考古学雑誌』に発表した「磐城國西白河郡五箇村借宿の遺蹟遺物について」のなかで紹介したのがはじめである。この段階では、内藤の調査の主体は借宿（廃寺跡）であり、関和久の瓦については、岩越より聞いた内容を書き記したものであった。

なお、このときの借宿の調査では、多くの瓦の存在とともに、礎石をともなう基壇跡、基壇とおぼしき高まり、塼仏が出土していることが確認され、この地に法隆寺式ないし法起寺式の伽藍配置をもつ寺院跡が存在したものと位置づけている。

同年十二月、明地地区の桑畑より礎石の存在（三個）が確認されたとの報を受けた岩越は、地元の生徒の案内で現地に見学に行っている。現地では、付近にいた耕作者が畑の一部を掘り、二個の礎石の存在を岩越に見せている（図16）。

礎石は、およそ六〇〜七五センチほどの大きさで、長方形および円形を呈するものである。南北に並んでおり、礎石間の寸法は約三・八二メートルであった。

岩越は、大門という地名があり、位置的にみて近くに存在する大網堂（親鸞の孫如信の建立とさ

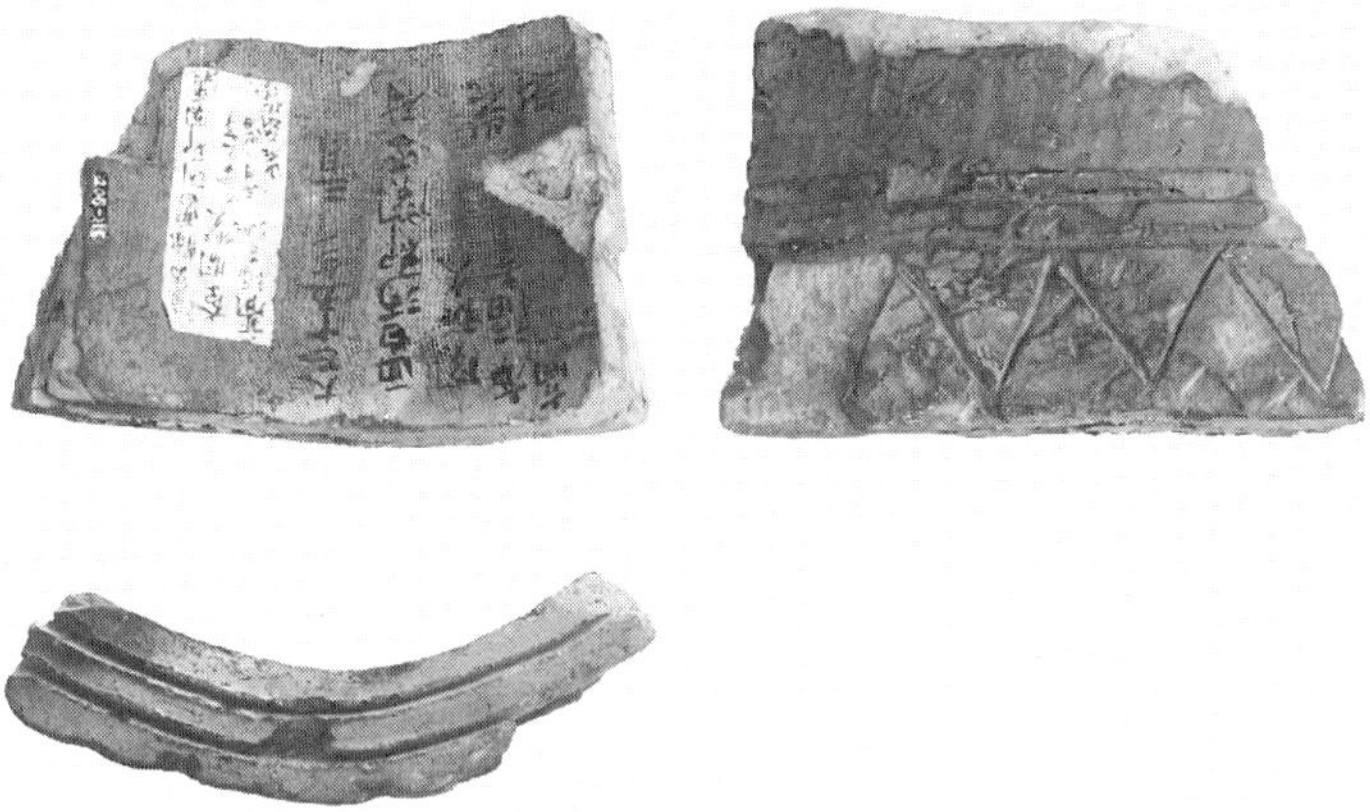

図15　関和久高福寺採集の瓦（岩越採集）

れる）の南にあたることから、南大門の可能性も想定していたようである。

関和久の地より発見される遺構・遺物のありようについて、「大網の御米堂と云ひ、この明地の焼米と云ひ、とにかく古代の炭化米が出る所をみると、前にも一寸申しました様に正倉か又はお寺の倉か、或は私人の米倉などがあったのが火災にあって焼けて地に埋れたものと思はれます。借宿の軍団があったと云うことよりしても対岸のこの地に附近にも其当時寺院か何かあったらしく……」と述べ、この段階では、岩越はまだ、借宿を軍団跡、関和久には寺院などの存在を想定していたようである。

一九三八（昭和十三）年、内藤は関和久出土の瓦が多賀城出土瓦に似ていることを指摘し、先に寺院跡と判断した借宿とは区別して、この地に「白河軍団」が存在した可能性があると推定した。

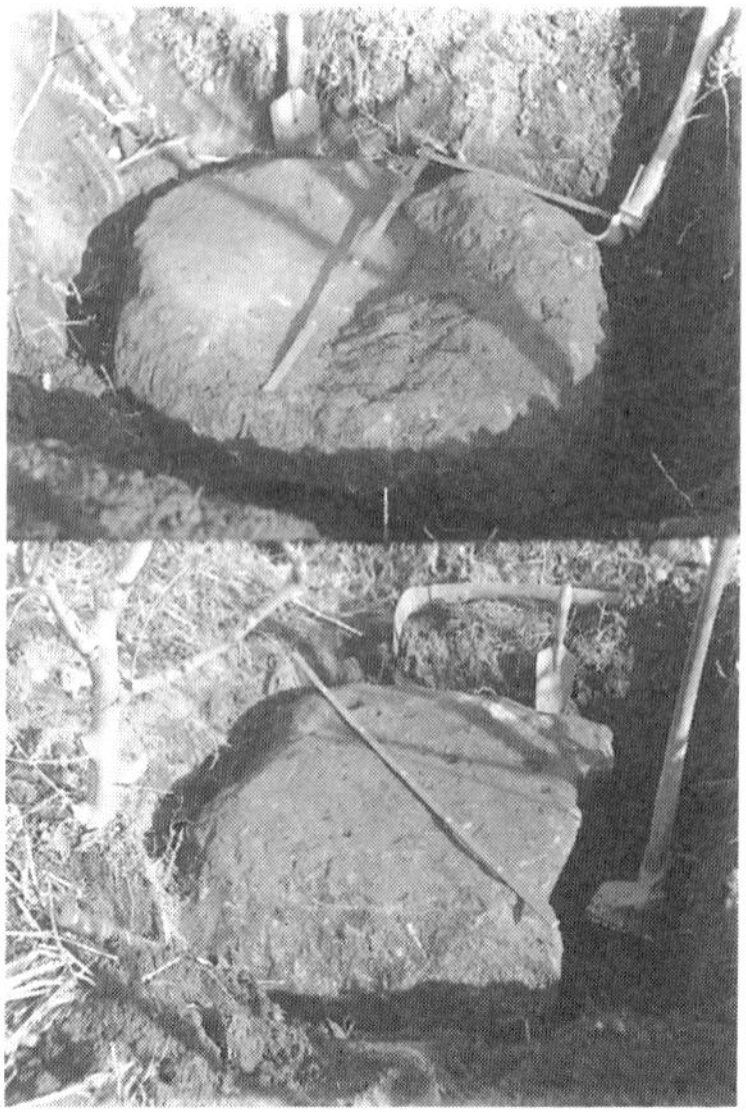

図16　関和久地内で発見された礎石

これまで、『白河風土記』の記載から、借宿＝軍団跡との考えがあったが、これにより借宿＝寺院、関和久＝白河軍団という仮説が整理され、以後この考えが浸透していくこととなる。

なお、内藤の指摘以前に、地元の歴史に詳しい深谷賢太郎は、関和久に存在する「木の内山」という地名から、これを「柵の内」であるとして、軍団がこの付近にあると想定していた。

一九五三（昭和二十八）年、明地地区において藤田定市が礎石を確認しているが、その際焼米が層をなして存在している状況も確認したとされる。正式な報文がなく確認できない点がある。

こうして、昭和初期における借宿での礎石、土壇の確認や瓦、塼仏の発見、関和久における瓦、礎石、炭化米の発見により、この地域には重要な古代遺跡が存在することが明確となった。

借宿・関和久の遺物収集を精力的に行った岩越は、収集した遺物を通じ、常々遺跡の重要性と保護の必要性を訴えていたが、自身が採集した瓦について、一九五五（昭和三十）年に白河郷土展覧会で展示し、多くの市民にその存在を知らしめている。同時に、出土した古瓦の目録・解説を謄写版で作成し配布するなど、文化財の情報公開を早くより行っている。

こうして、岩越らにより関和久において収集された瓦については、昭和四十年代になり、伊東信雄と坪井清足の注目するところとなり、両者は遺跡の規模・性格を究明する必要性を説いた。同時に、遺跡の重要性についての認識は、行政内部にも芽生え始め、一九六九（昭和四十四）年には、遺跡の問題が取り上げられるようになる。

しかし、戦後の農業構造改善事業による礎石や遺物の移動等、遺構は破壊されている可能性があるとの意見も出され、調査の着手にはなお慎重な姿勢がとられ、さらに検証の期間が設けられることとなった。これは、一九七〇（昭和四十五）年に福島県の単独事業として実施された文化財基礎調査事業へと展開していく。

文化財基礎調査事業では、「寺院跡・城館跡」が取り上げられ、関和久については「高福寺跡」として調査の報告がなされている。

この調査を担当した渡辺一雄は、布目瓦を出土する地点についての位置づけについて検討するとともに、出土する布目瓦については「この東北地方の中でも古い型式を持つ布目瓦の出土遺跡の性質については、やはり発掘によるほかはない。耕作・整地などによって、現在でも毎年のように新資料が発見されているが、逆にいえばこの遺跡は正当な評価を与えられぬままに、なしくずしに消滅してしまう恐れが多分にある」とし、調査計画の立案と遺跡の保護・保存対策の必要性を訴えている。

文化財基礎調査の報告書は、一九七一（昭和四十六）年に刊行された。この調査報告書が基礎となり、いよいよ関和久遺跡について、内容解明のための発掘調査が、昭和四十七年度より開始されることとなった。

2　関和久《せきわく》遺跡の調査

遺跡は、JR白河駅より東方へ約九キロいった、福島県西白河郡泉崎《いずみざき》村関和久に所在する。阿武隈川左岸に形成された、標高三〇五～三一二メートルほどの台地と、低位段丘面上に立地している。遺跡の北西部には、奥羽山脈より派生した標高四〇〇メートルほどの丘陵が迫っている。

遺跡の範囲については、関和久地内の大門・明地地域や上町地域、上野館地域、関和神社地域の広範囲にわたって瓦や土器片が分布していることから、東西一・二キロ、南北一・六キロに及ぶ広大なものと推定されていた。しかし、分布調査や過去の遺物収集地点の検討から、複数の遺跡の集合体であると理解され、その中心が大門・明地地域と上町地域の二カ所にあると予想されるに至った。

調査は、一九七二（昭和四十七）年の第一次調査を皮切りに、一九八一（昭和五十六）年まで福島県教育委員会により実施された。

遺跡は、推定地のほぼ中央部を境として地形的な段差が見られ、北側の一段高い地区を中宿・古寺地区、南側の低い方を明地地区と呼称している。

まず、調査において確認された内容をもとに、それぞれの地区の状況を見てみる。

（一）明地《みようち》地区（第一次～第五次調査）

一帯が水田地帯となっている。この地区の南西部において、一九三五（昭和十）年に礎石の存在を岩越が確認している。また一九五三（昭和二十八）年には、藤田定市が礎石を発見している。

一九七一（昭和四十六）年に実施された予備調査では、地区の北東部において新たに礎石が確認

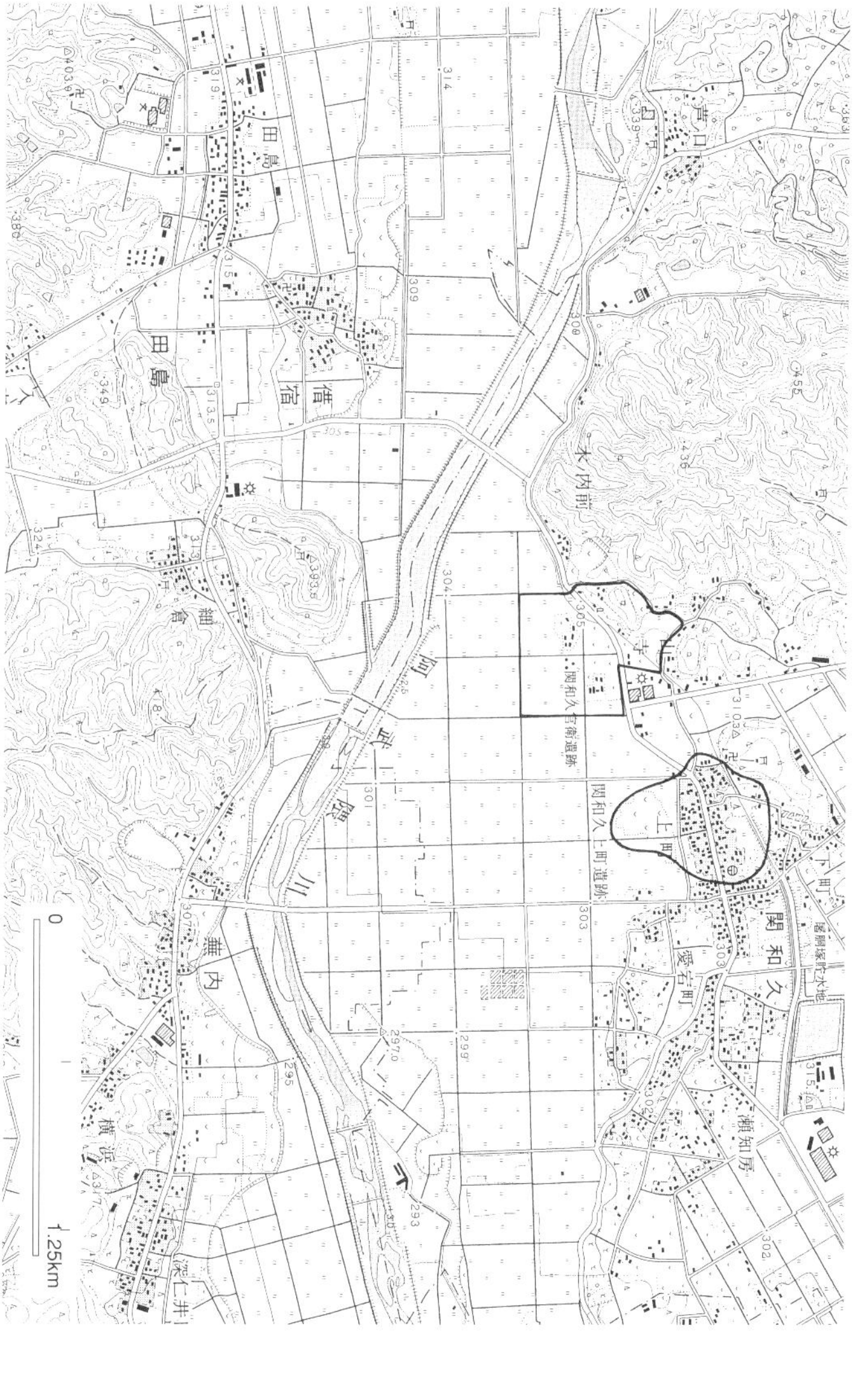

図17　関和久遺跡・関和久上町遺跡位置図

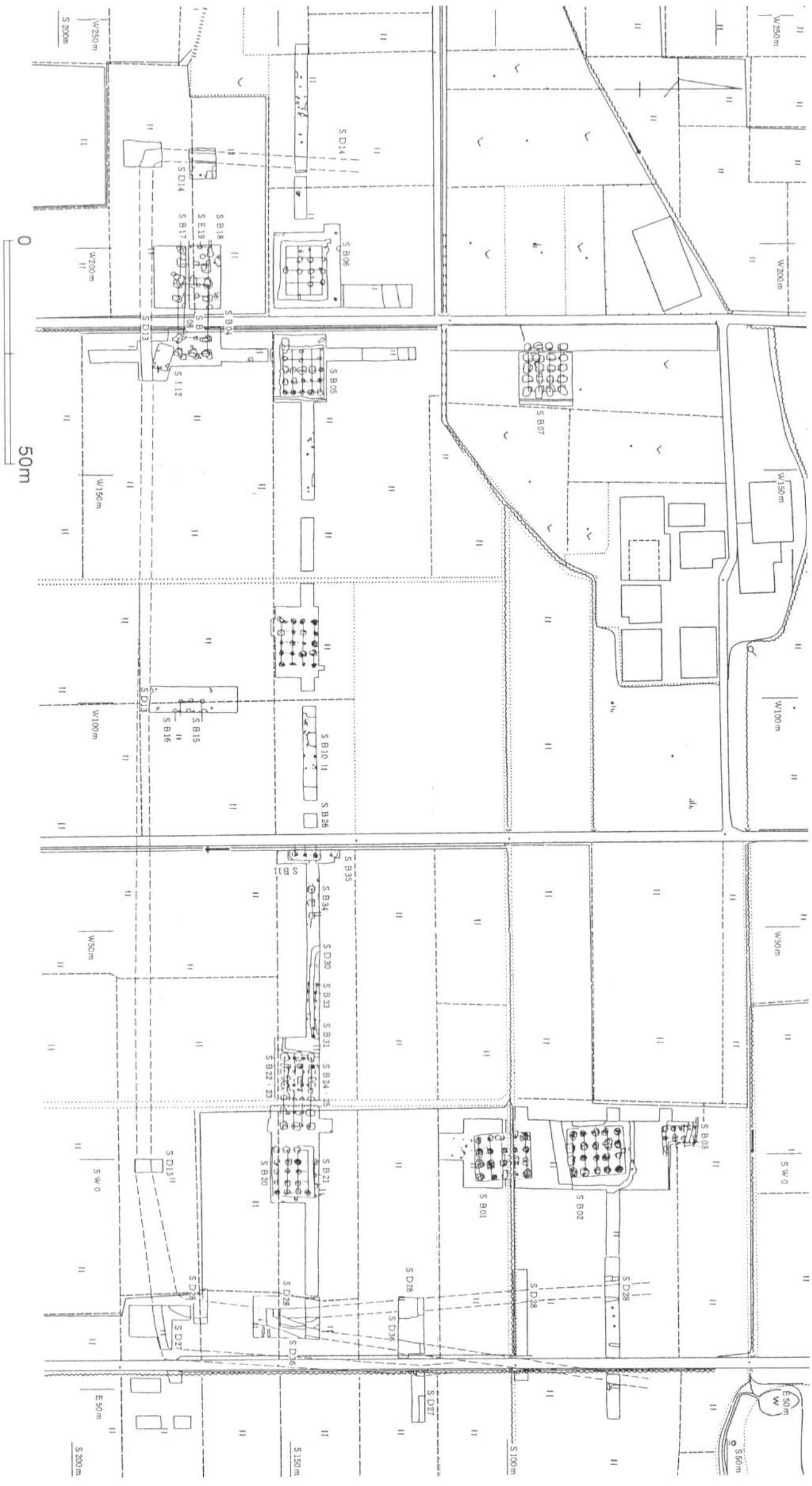

図18　関和久遺跡明地地区遺構配置図

され、第一次調査はこの礎石確認地点より開始された。調査は、基本的にトレンチを設定して行われた。区画施設や建物跡といった遺構の確認状況にあわせ、設定方向や範囲を定めており、遺構の配置状況を確認することが、おもな目的であった。

五次にわたる調査の結果、区画施設と考えられる溝跡が確認され、この溝跡の内部には総柱の礎石建物跡や総柱の掘立柱建物跡、側柱の掘立柱建物跡、井戸跡の存在が確認された（図18）。

区画施設

建物跡等の遺構の周囲は、上幅約三メートルを測る溝跡で区画されている。調査においては、南西コーナー部、南辺、東辺が確認されており、東西幅でおよそ二五〇メートルを測る。

東辺においては、方向を異にする三条の溝跡が確認され、この状況から、少なくとも三時期の変遷があったものと考えられる。区画溝は、北側においては運河と考えられる旧河道（旧盆どの川）に繋がっているが、この河道の北側への延びも確認されている。

このことから、外郭施設は溝跡であったと判断して間違いないであろう。

建物跡

予備調査において、新たに礎石の存在が確認され、礎石の全容解明が調査目的の一つであった。

確認された建物跡には、総柱の礎石建物跡・掘立柱建物跡、側柱の掘立柱建物跡が存在する。

総柱の建物跡は、東西および南北方向に規則的に建ち並ぶ様相を呈している。同位置での重複もみられ、位置を変えずして長期間にわたり、同じ機能をはたしていたものと推定される。建物間の重複関係を見ると、基本的に掘立柱建物跡から礎石建物跡への変遷をたどることができる。

建物跡の規模は、表2のとおりであるが、面積

表2　建物跡規模一覧

区分・建物	長（m）	広（m）	推定高（m）	面積（㎡）	ランク級・石倉	構　造
総柱建物						
SB01・02・06	10.80	8.10	5.98	87.48	80㎡級5千石	掘込地業
SB05	9.60	8.40		80.64	〃　〃	〃
SB10・11	9.50	7.50	4.55	71.25	60㎡級4千石	礎石
SB07	9.60	7.20		69.12	〃　〃	掘立
SB20	9.60	7.20		69.12	〃　〃	掘込地業
SB21	7.20	4.80	3.32	34.56	30㎡級2千石	掘立
SB22・23	5.40	5.40	3.66	29.16	同上未満	掘立→礎石
SB26	4.80	4.80	3.14	23.04	20㎡級1千石	掘込地業
SB03	4.20	4.20	2.72	17.64	同上未満	〃
側柱建物						
SB04a・b	15.0	6.6		99.0		掘立　屋
SB23a・b	15.0	6.0		90.0		〃　〃
SB15	15.0	6.0		90.0		〃　〃

が八〇平方メートルを超えるもの、六〇平方メートル級のもの、二〇～三〇平方メートルのものに分けることができる。面積が、六〇・八〇平方メートルを測る規模の大きな建物は、比較的掘込地業をともなうものが多いようである。

鈴木啓は、建物跡の規模等から収納できる米の量を八〇平方メートル＝五〇〇〇石、六〇平方メートル＝四〇〇〇石、五〇平方メートル＝二〇〇〇石、三〇平方メートル＝一〇〇〇石、二〇～一〇平方メートル＝一〇〇〇石未満と算定し、米の重量は、現在量の一石で一五〇キログラムを量ることから、四〇〇〇石倉は、満倉ではおよそ一二〇トンを量るとした。かなりの重さであり、規模の大きな建物跡に、掘込地業をともなうものが多い状況が頷けるような試算である。

建物跡の性格については、規模・構造や焼籾の鑑定結果などから、総柱の建物跡が「倉」、二×五間といった規模の大きな側柱の建物跡は、「屋」

と推定されている。

こうした、規則的に建ち並ぶ建物跡のあり方から、この地区一帯は正倉院と位置づけられた。また、瓦の存在から瓦葺の建物跡が建ち並んでいたものと推定された。

なお、同地区の南側には、側柱の掘立柱建物跡に近接して井戸跡も発見されていることから、官舎の存在も想定されている。

竪穴住居跡　南西部において一棟確認されている。区画溝と重複しており、区画溝に先行する時期の遺構である。東西五・七メートル、南北三・八メートルの長方形を呈しており、出土する土器の特徴から七世紀前半頃に位置づけられている。

なお、この住居跡の堆積土の表面には、土塁の基底部と考えられる黄褐色土層が確認されており、区画溝の内側には土塁をともなっていたと考えられる。

遺　物　遺物は、複弁六葉蓮華文軒丸瓦《ふくべんろくようれんげもんのきまるがわら》、重弁八葉蓮華文《じゅうべんはちようれんげもん》軒丸瓦、ロクロ挽き重弧文軒平瓦《じゅうこもんのきひらがわら》、手描き重弧文軒平瓦、丸瓦、平瓦、土師器、須恵器、鉄斧、刀子が出土している。

調査方法の関係から、遺構内からの出土は少ない。また、調査区がすでにほ場整備事業が行われた場所であることも影響し、全体的にみても遺物の出土量は少ない。

遺構の変遷　確認された建物群については、遺構間の重複関係・軸線・規模・構造・棟間距離・出土遺物などから、四時期に区分された。

Ⅰ期は、七世紀末〜八世紀初頭よりもさかのぼる時期に位置づけられ、区画溝内に掘立柱建物跡（倉庫）が配置されていることから、郡衙の前身的性格を有する時期とされている。

Ⅱ期は、創建期の瓦が用いられる時期で、二～三棟で構成される建物群が、四群確認できる。時期的には、七世紀末～八世紀初頭頃に成立し、八世紀中頃まで存続したものと位置づけられる。北側における官衙ブロックの成立から、この時期が郡衙成立時期とされる。

Ⅱ期とⅢ期の間に、総柱の礎石建物から側柱の建物への建て替えが見られる。この建物跡の解釈については、文献資料等をもとに「屋」の可能性が指摘されている。

Ⅲ期は、二つの小期に分けられ、Ⅲa期が八世紀中頃～八世紀後半、Ⅲb期が八世紀後半～九世紀前半頃に位置づけられる。

この時期は、最も充実した時期と位置づけられるが、それまでの総柱の建物跡の一部が、側柱の建物に建て替えられ機能の変化が見られるなど、質的な変化が見られる時期でもある。

Ⅳ期は九世紀後半頃に位置づけられる。Ⅲ期同様「倉」と「屋」により構成されていたものと考えられるが、調査からはこの時期の様相については明確ではない。

区画施設は、東・西・南辺が幅三《メートル》、深さ一・五《メートル》を測る溝がⅠ期より存在し、北辺で大溝（旧盆どの川）に合流している。この大溝は、阿武隈川と合流していることから、舟運に利用されたことを想定することができ、南側の低地を正倉院とした大きな要因の一つと考えられる。

（二）中宿《なかじゅく》・古寺《ふるでら》地区（第六次～第一〇次調査）

南の正倉院より一段高い北側は、一帯が水田および畑地となっている。開田時に東・西・南側が土地の掘削を受けて低くなっており、方形台地の状況を呈している。地区のほぼ中央部は、東西に

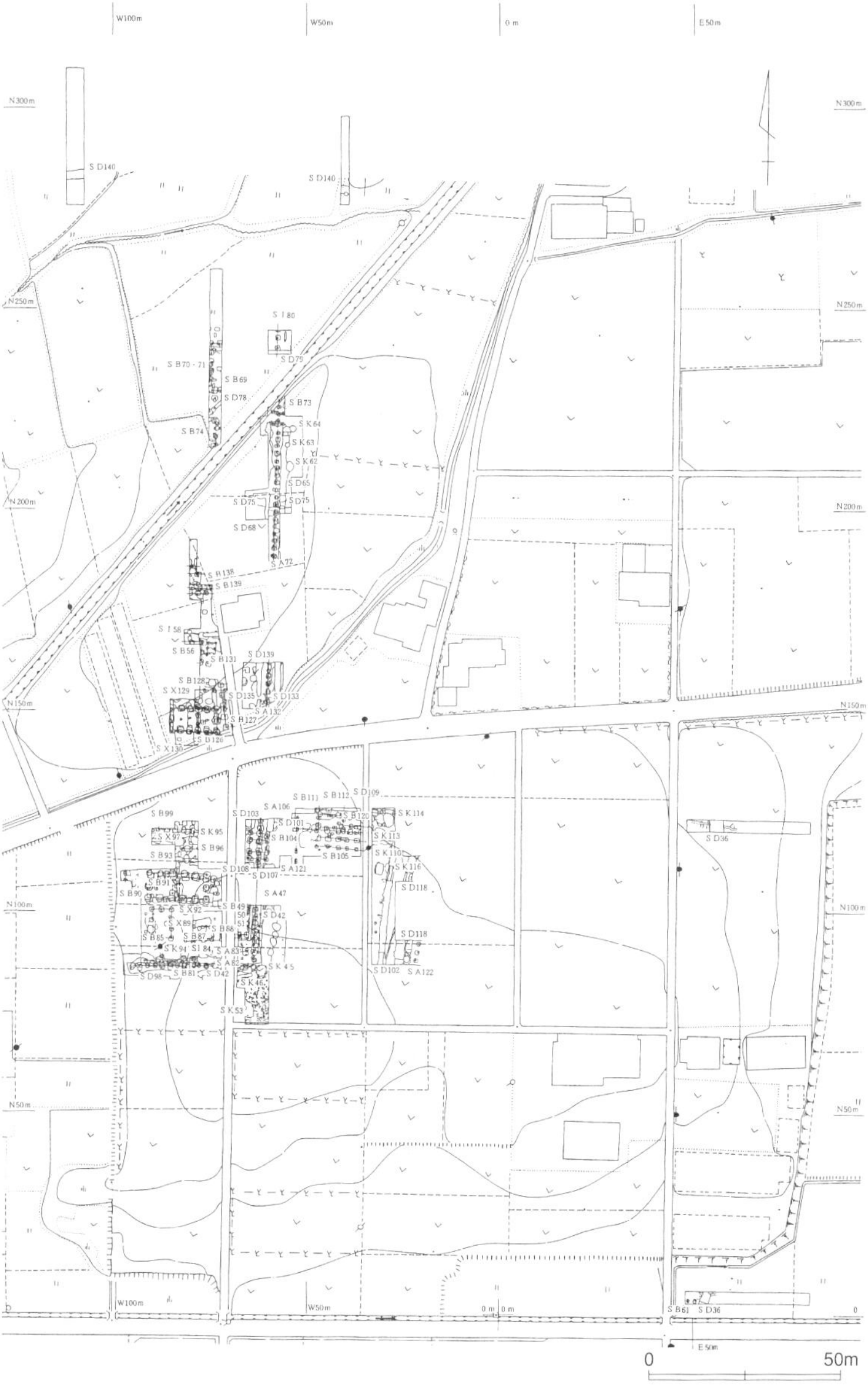

図19　関和久遺跡中宿・古寺地区遺構配置図

図20　105号掘立柱建物跡（二間×五間の建物）

県道が走っている。

明地地区の調査に引きつづき、五カ年にわたり調査が行われた。調査の結果、五時期にわたる遺構の変遷がたどれることが明らかとなった。

区画施設

正倉院の東側において確認された溝は、北側のこの地区までつづいている。

北側においても初期の段階で、区画施設かと考えられる溝が存在している。西側についての状況は明らかではない。

内部を見ると、西から折れて北に延びる一本柱列が存在する。初期の頃にくらべ、時期が新しくなると北側へさらに延長される。この柱列には、棟門・四脚門・八脚門が付設される。また、柱列を挟む形で並行して溝が掘られている。

建物跡

確認された建物跡は、側柱の掘立柱建物跡である。柱列の西側における

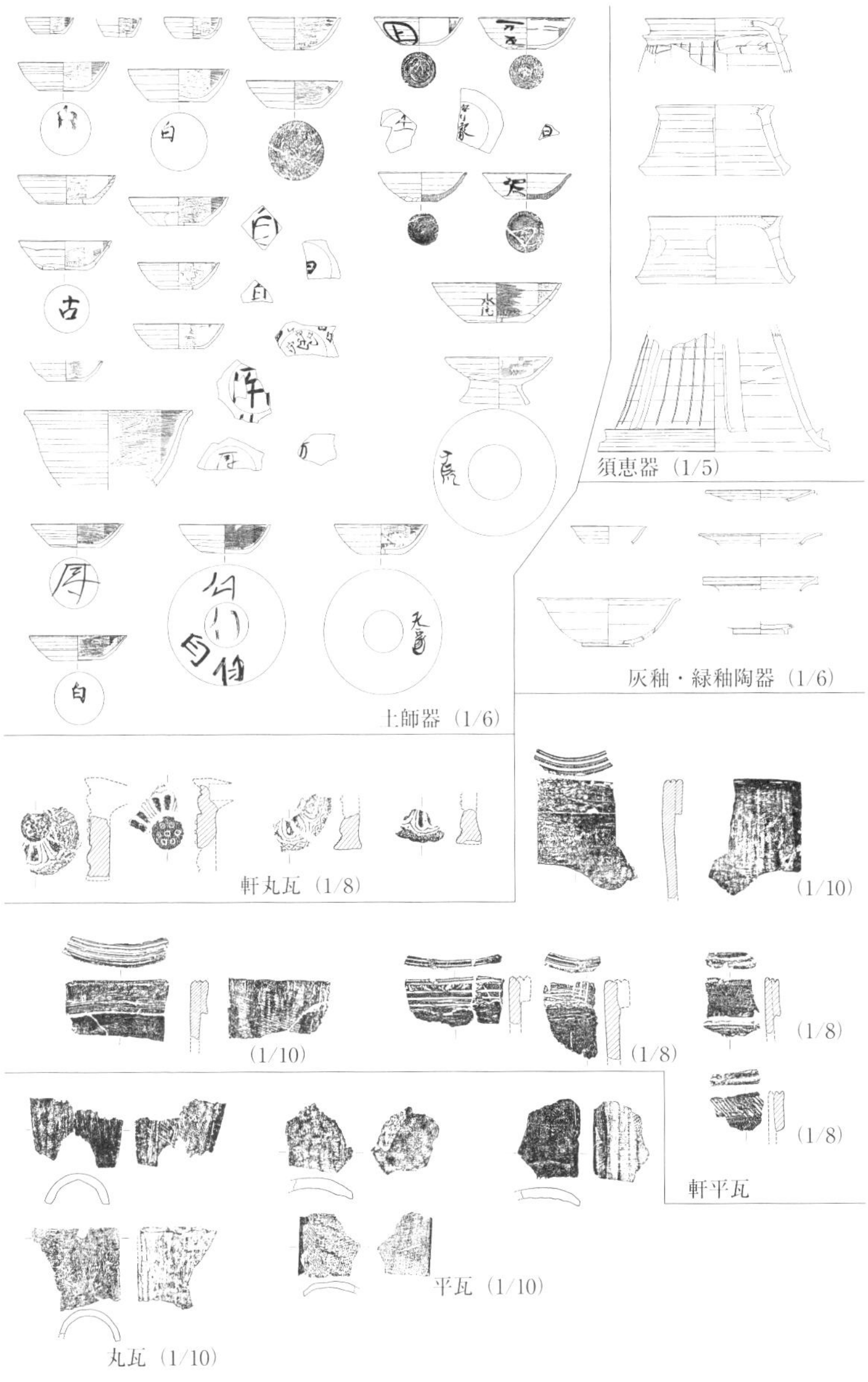

図21　関和久遺跡出土遺物

確認が大半であるが、東側においての存在も見られる。南北棟の建物も存在するが、基本的には東西棟のものが多い。規模は、二間×五間、二間×三間のものが多いが、なかには二間×十間以上と長大な建物も存在している。

規模・構造から、確認された掘立柱建物跡は、居住施設と考えられる。

遺　物

出土遺物には、土師器・須恵器・赤焼土器・灰釉陶器・緑釉陶器・瓦・鉄製品がある（図21）。

これらの遺物は、掘立柱建物跡の柱穴、区画施設である溝跡から出土しているが、出土量は多いとはいえず、むしろ遺構外からの出土が多い。土師器・須恵器・赤焼土器には、郡名の白河を示す「白」をはじめ、「厨」「驛屋」「水院」「八十」「屋代」「万呂所」「大家」「万」「大」等の墨書があり、他地域の官衙遺跡出土の墨書と共通する内容をもっている。

瓦は、明地地区にくらべ出土量は少ない。細弁《さいべん》蓮華文《れんげもん》軒丸瓦、ロクロ挽き三重弧文軒平瓦・珠文《しゅもん》縁鋸歯文《えんきょしもん》軒丸瓦、丸瓦、平瓦が出土している。

複弁六葉蓮華文軒丸瓦は、東北地方でも古い白鳳期の瓦である。その起源は、飛鳥川原寺の八葉蓮華文軒丸瓦（川原寺式）で、これが後に東国を代表する寺院で戒壇院を有する下野薬師寺で使用される。

関和久遺跡・借宿廃寺跡において見られる複弁六葉蓮華文軒丸瓦については、鈴木啓、辻秀人の指摘にもあるように、下野の工人を介してつくられたものと推測される。

遺構の変遷

調査により、明らかにされた遺構の変遷は以下のとおりである（図22）。

〈Z期〉四棟の竪穴住居跡により、構成される。出土した土器から、七世紀後半頃に位置づけられ

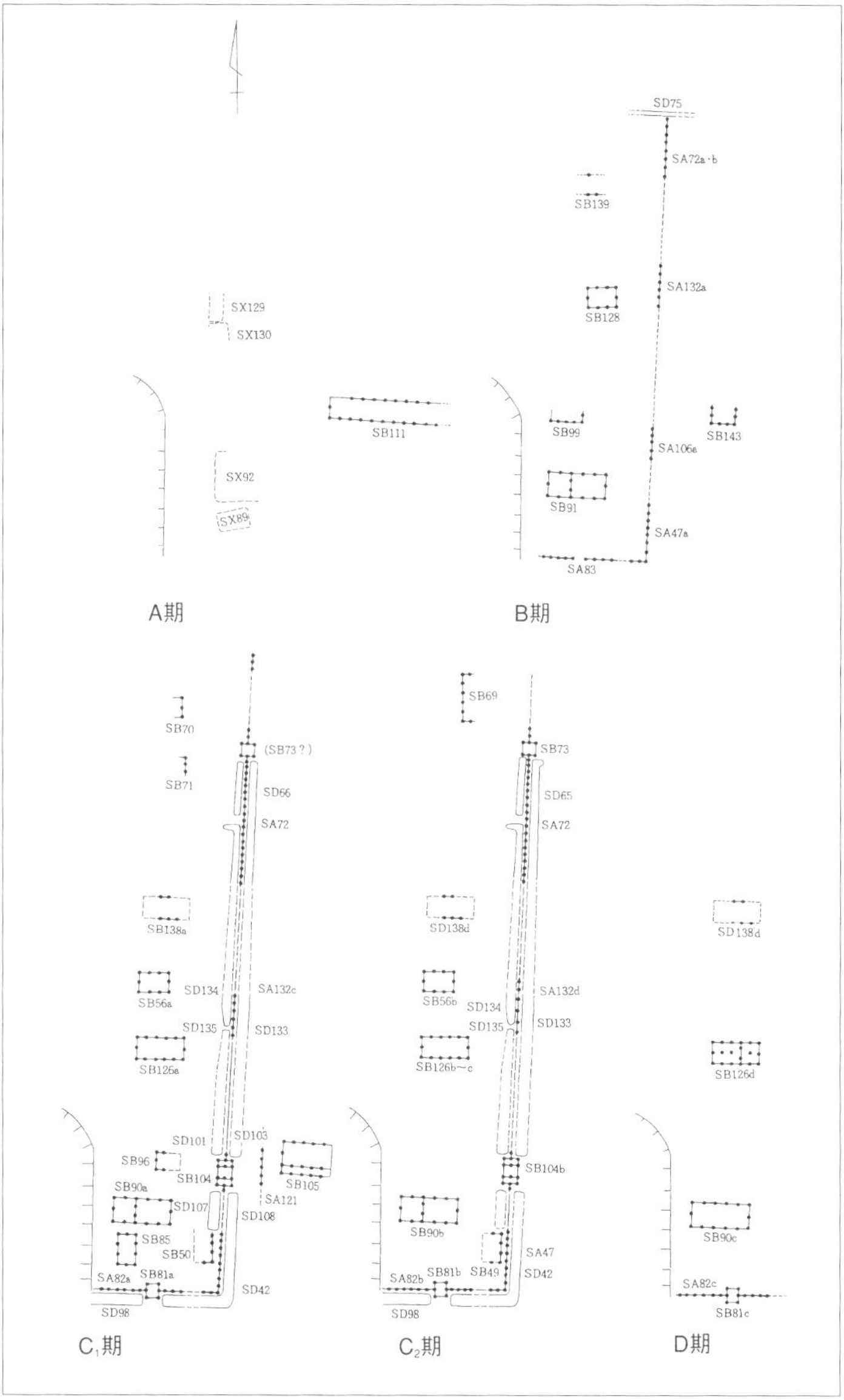

図22　中宿・古寺地区遺構変遷図

る。官衙成立直前の時期である。

〈A期〉七世紀末～八世紀前半に位置づけられる。二間×十間以上を測る、長大な掘立柱建物跡が出現する。数基の竪穴状の遺構が存在する。

〈B期〉八世紀後半頃に位置づけられる。一本柱列で区画された、官衙ブロックが成立する。柱列は、北側において区画溝に接続している。柱列の外側にあたる東側においても、掘立柱建物跡の存在は確認される。

〈C1期〉九世紀前半段階では、柱列の南側に四脚門、東側に八脚門が付設される。区画施設内部（西院）には、二間×五間の廂をともなう東西棟の建物をはじめ、複数の建物跡が配置されるようになる。この二間×五間の建物跡の存在などから、ここは郡衙の主要な院と考えられる。

八脚門の向かい側に、柱列が存在している。この柱列のさらに東側には、二間×五間の建物跡が存在しているが、門と柱列の間が道路として機能していたものと考えられる。この段階が、最も充実した内容を示している。

〈C2期〉基本的に前段階を踏襲するが、部分的に建物跡の減少も見られる。火災にあったと判断され、次の段階が十世紀前半頃に位置づけられることから、この段階は九世紀後半頃と考えられる。

〈D期〉火災から復興した段階と考えられる。南辺での区画施設である柱列は確認されるが、東側では再建されなかったようである。建物跡についても、三棟の確認である。十世紀のある段階には廃絶してしまったものであろう。

八脚門や四脚門が設けられた柱列で区画され、内部に規模の大きな建物跡が存在していること、郡名を表したと考えられる「白」の墨書土器の存在など、この地区は官衙ブロックであることは間違いのないところであり、現段階では館院《たちいん》と推測されている。

(三)　県道拡幅にともなう調査

中宿・古寺地区のほぼ中央を、東西方向に県道が走っている。県教育委員会による関和久遺跡の調査が開始されて三年目にあたる一九七四(昭和四十九)年、県道の拡幅工事にともなう調査が、泉崎村教育委員会により実施された。

調査は、拡幅部分を対象としたため、狭い範囲での調査であったが、竪穴住居跡・掘立柱建物跡・溝跡・土塁等の遺構が確認されている。竪穴住居跡は古墳時代後期に、他は平安時代頃の遺構と認識された。

遺構の位置づけについては、範囲が狭小なこともあり当時は明確にすることがむずかしい状況にあったが、その後の調査の進展にともない、区画溝や柱列、官衙ブロックを構成する建物跡との位置づけがなされるにいたっている。

(四)　遺跡の性格と変遷

一〇年に及ぶ発掘調査の結果、この地には広範囲にわたり、古代の遺構・遺物が存在していることが明らかとなった。

確認された遺構には、礎石建物跡、掘立柱建物跡をはじめ、柱列、井戸跡、竪穴住居跡等が数多く存在している(図23)。

遺構のまとまりから、遺跡の南側にあたる明地地区は、礎石および掘立柱の総柱建物跡で構成される正倉院であると認識された。そして、正倉院の北側には、阿武隈川と結びつく大溝跡が存在していることから、舟運による物資の運搬があったことが想定された。

正倉院より地形的に一段高い北側の中宿・古寺

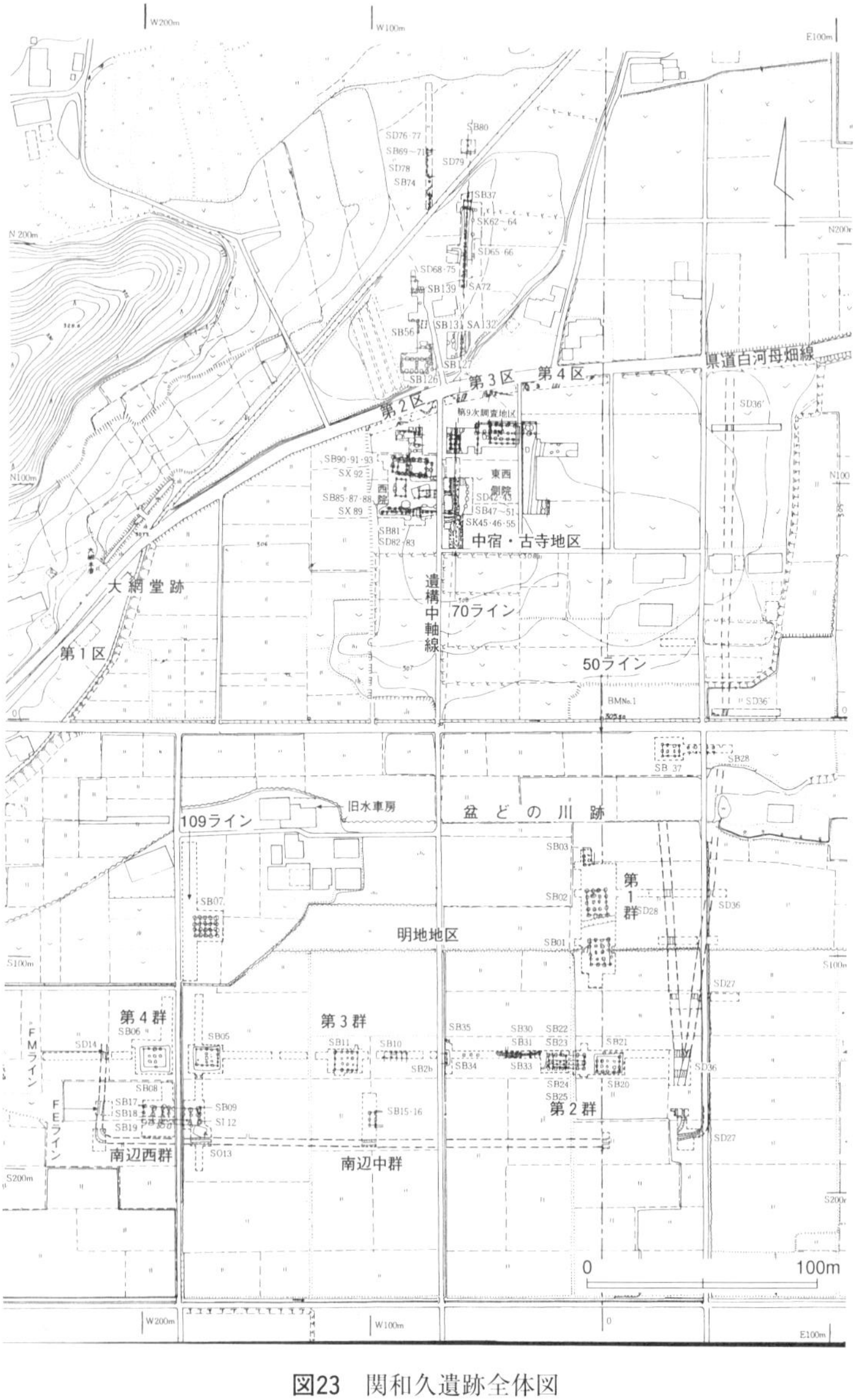

図23　関和久遺跡全体図

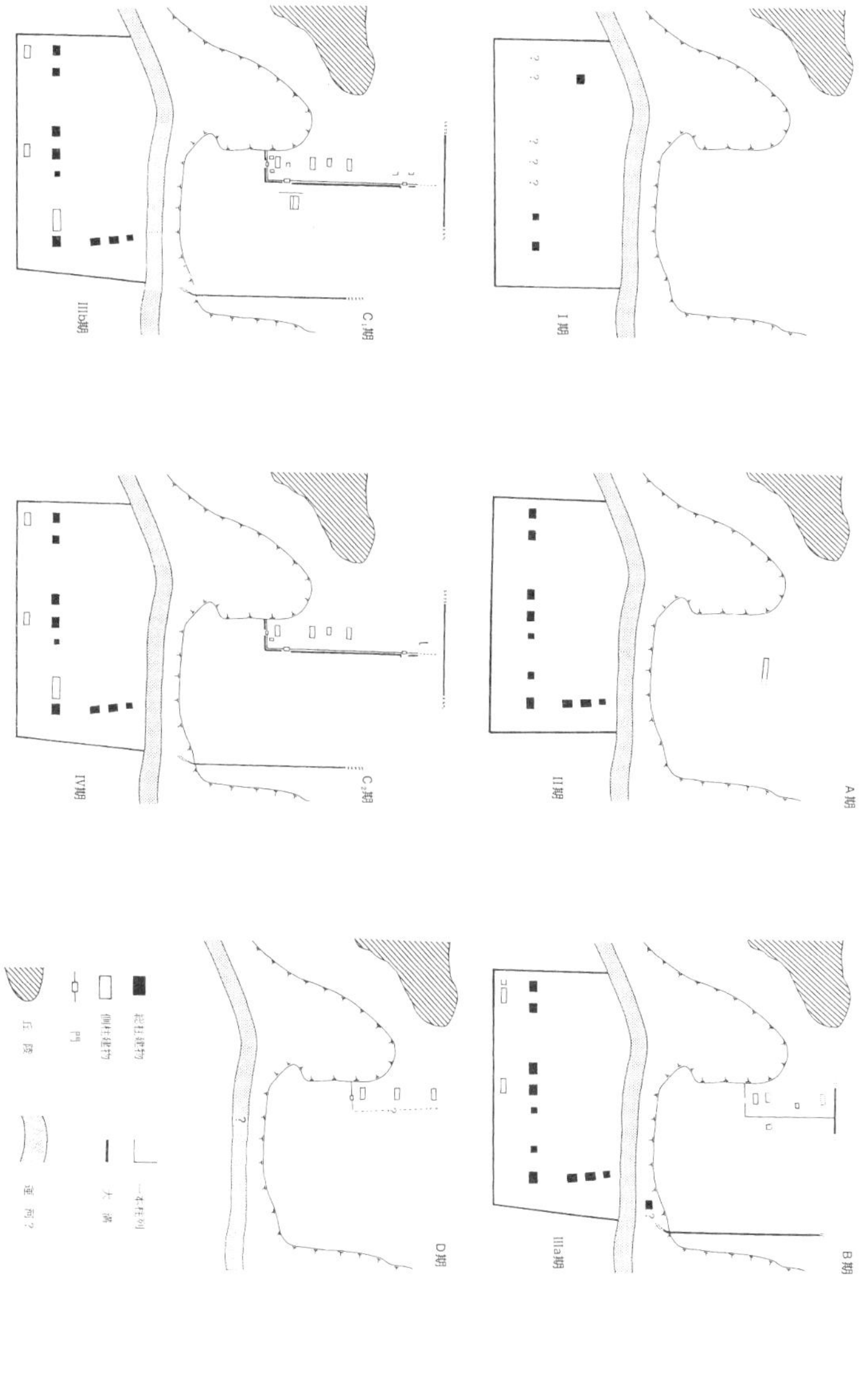

図24　関和久遺跡変遷図

表3　関和久遺跡遺構変遷表

	明地地区（第4群）（第3群）（第2群）（第1群）	中宿・古寺地区 西官衙ブロック 北部	西官衙ブロック 中部	西官衙ブロック 南部	区画施設 南辺	区画施設 東辺	中央部遺構群		年代
								D期	〜10C前半
Ⅳ期	SB17	SB70	SB56b·126b·c·138b·c	SB90b	SB81b SA82b	SB73b·104b SA72d·74d·106d SA132d·SD42·101 SD103·107·108·133·134		C₂期	9C後半
Ⅲb期	SB04 SB05	SB69·74	SB56a·126a·138a	SB85·96 90a·49	SB81a SA82a SD99	SB104a·73a SA47c·132c·72c SD42·101·103·107 108·133·134	SA121·SB105	C₁期	9C前半
Ⅲa期	SB18·08·09 SB16 SD36		SB128·139	SB91·59 SB99	SA83	SA47a·b·106a·b SA132a·b·72a·b	SB112 SB143	B期	
Ⅱ期	SB05·06 SB11·10·26 SB23·20 SB01·02·03 SD28		SX129·130	SX89·92			SB111	A期	8C中頃〜 7C末〜8C初頭
Ⅰ期	SB07 SB22·21 SD27								
	SI12	SI44·58·60·84						Z期	7C前半

地区では、門をともなう柱列で区画され、掘立柱建物跡で構成される官衙ブロックが存在することが確認された。しかし、全容を確認できる状況にはなく、調査区の位置づけについて明確にされていないが、掘立柱建物跡を中心とする遺構、瓦や「白」「驛家」「厨」「水院」等の郡名や施設名を表したと考えられる墨書土器、円面硯の存在から、この地区一帯には郡庁院をはじめ、館院や厨院といった官衙を構成する施設が存在するものと想定された。

次に、調査で浮かび上がった遺跡の姿を、時期区分ごとに見てみよう（図24）。

まず、官衙的遺構の成立以前は、六世紀～七世紀に位置づけられる竪穴住居跡の存在が確認できる。官衙にさかのぼる集落の存在を示すものであろう。

七世紀末～八世紀初頭よりさかのぼる時期に、南側の明地地区において、外郭を区画する溝と、区画内部に総柱の掘立柱建物跡三棟が成立する。遺構の形状から倉庫と位置づけられるが、規則的な配置をもつようで、公的な性格が推測される。官衙の前身となる遺構群と位置づけられる。

七世紀末～八世紀初頭の段階で、南側において区画溝内部に二～三棟のまとまりをもつ総柱の礎石建物群が確認され、正倉院としての様相が明確になる。北側の官衙ブロックでも長大な建物が出現する。この時期をもって郡衙の成立と考えている。この様相は八世紀中葉頃まで継続する。

八世紀後半段階では、北側においても外郭施設である溝跡が確認される。この区画施設内部には、一本柱列で区画され区域が新たに出現する。内部には数棟の掘立柱建物跡が存在し、南側においては棟門も確認される。南側の正倉院では、それまでの総柱の建物跡に加え、総柱から側柱へ建て替えを行った建物とが出現する。これは「屋」に位置づけられ、この段階で正倉院は「倉」と「屋」から構成されるようになる。

九世紀前半は、遺構群の数も最大となり、関和久遺跡の最盛期を迎える。南側の正倉院は、基本的に前段階からの遺構の構成を踏襲している。

北側の官衙ブロックでは、空間としての利用範囲が北側へ拡大する。内部の区画施設である一本柱列には、新たに溝が敷設されるようになる。また、東側柱列には四脚門や八脚門が付設され、官衙ブロックとして充実した様相を呈している。

八脚門の向かい側には、柱列が存在し、その東側に廂をもつ東西棟の建物跡が存在する。これを、郡庁院を構成する建物の一つと見る考えがある。しかし、現段階では明確な位置づけをすることはできず、複数の院の存在を想定させるものと解釈しておきたい。

九世紀後半頃に位置づけられる正倉院の様相は、前段階より継続するものと考えられるが、調査からは明確な状況を把握できていない。この段階をもって正倉院の機能は停止した可能性も考えられる。

官衙ブロックでは基本的には前段階と同様な土地利用が図られたと考えられるが、遺構の数はやや減少する。この時期に火災に遭ったようである。

十世紀前半頃、官衙ブロックの再建が行われた時期であるが、建物の数も少なく、実質的な機能は失っていたものと考えられ、最終的には、十世紀後半頃には、郡衙としての機能を停止したものと考えられる。

このような遺構群の存在と解釈、遺構の変遷過程を総括し、この地が古代白河郡衙であると判断され、七世紀末頃に成立し、十世紀後半には廃絶

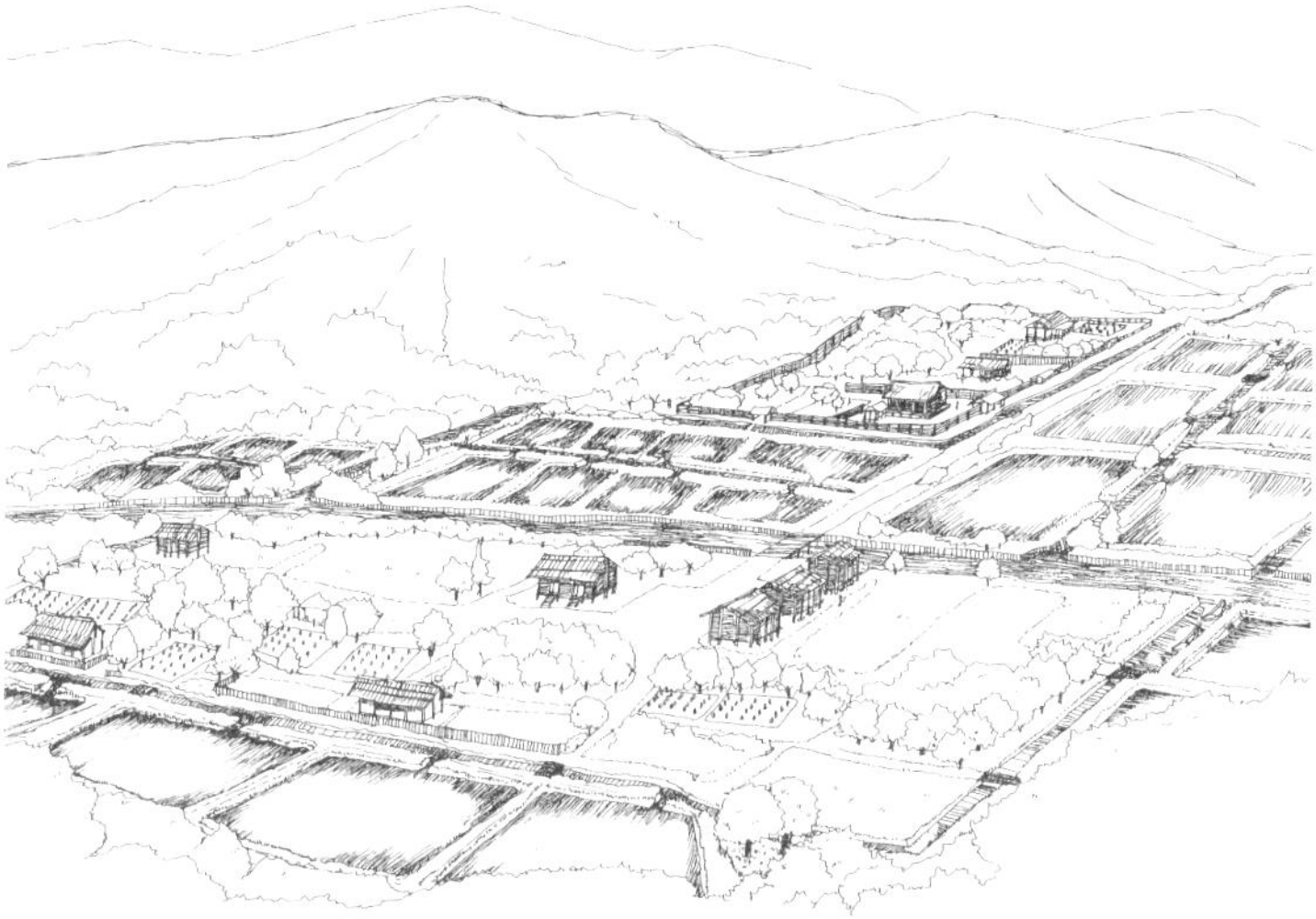

図25　関和久官衙遺跡想定復元図（保存管理計画書より）

したものとの位置づけがなされた。

大正十五年の岩越による瓦発見以来、およそ六〇年の月日が流れ、ようやく一つの答えが導き出されたわけである。

一九八四（昭和五十九）年に遺跡は「関和久官衙遺跡」として国史跡に指定された。その範囲は、二二万七七四五平方㍍の広大な面積である。

3　関和《せきわ》久《く》上町《かみちょう》遺跡の調査

関和久官衙遺跡の北東、約五〇〇㍍のところに関和久上町遺跡が存在している。遺跡の立地は、関和久官衙遺跡同様、北側が台地、南が低位段丘面となっている。

現況は、遺跡の南側は水田地帯であるが、中央部付近は住宅密集地となっている。

前述のように、この地に重要な古代遺跡の存在

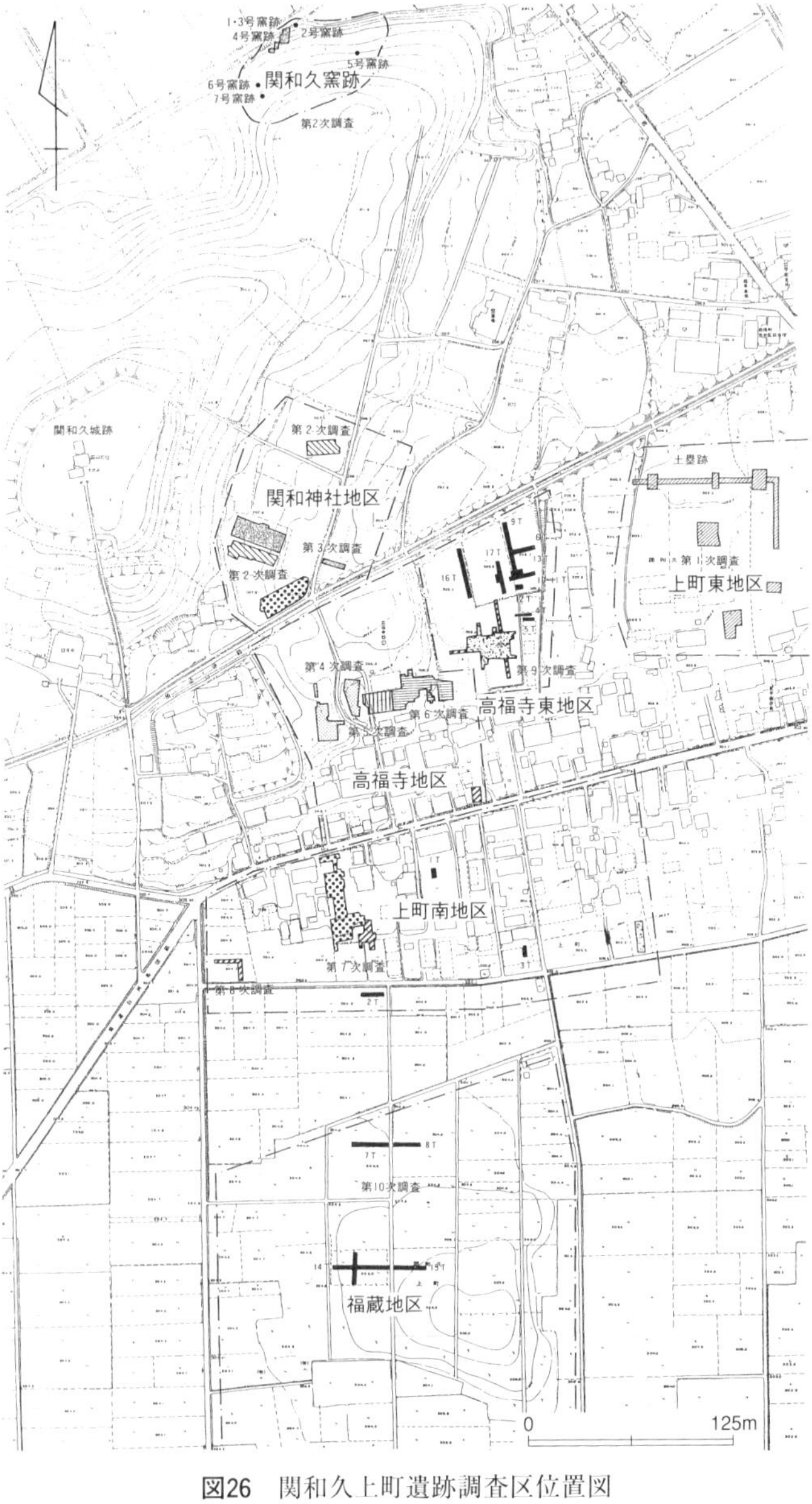

図26　関和久上町遺跡調査区位置図

が想定されるようになったのは、大正十五年に岩越二郎が初めてこの地（高福寺跡）において軒平瓦を採取したのが始まりである。

瓦の発見以後、たびたびこの地を訪れた岩越は、精力的に遺物の採集（とくに瓦）を推し進め、昭和三十五年段階でこの地域一帯には関和神社下遺跡、関和神社遺跡、高福寺遺跡、中ノ寺高福寺遺跡、明地遺跡の五遺跡が存在していることを明らかにしている。

一九七〇（昭和四十五）年に実施された「福島県の寺院跡・城館跡」の文化財基礎調査において、第一次・二次調査を担当した石井亘は、古瓦出土地として、高福寺跡、伊賀館跡、上町北屋敷、剣ノ宮、明地、上野館、寺後を挙げている。

一九七二（昭和四十七）年より開始された関和久遺跡の調査では、この地が古代白河郡衙であることを示す遺構の発見が報告されていたが、その調査も最終段階に近づいた一九八一（昭和五十六）年、関和久遺跡の指導委員会において、かねてより古瓦が多く採集される上町地区の遺跡の調査については、白河軍団跡候補地として史跡指定を目指した調査を行うべきとの意見が出されるにいたった。

こうしたなか、福島県教育委員会は、中期教育振興計画に取り上げ、昭和五十七年より五カ年計画で範囲確認調査を実施することとし、昭和五十六年秋から冬にかけて、上町地区の詳細な表面調査を実施した。

なお、岩越により位置づけがなされた五遺跡のうち、明地遺跡を除いた四遺跡については、表面調査の結果から同一の遺跡としてとらえるべきとの判断が示され、一九八三（昭和五十八）年に「関和久上町遺跡」として登録されるにいたった。

調査は、昭和五十七年より開始されたが、遺跡の中心部が住宅地という条件も重なり、順調に推移したとはいいがたく、当初の予定である五年では実態を把握できず、最終的には十年の歳月を要している。

調査は、上町地区の六地点と関和久窯跡において実施されているが、以下においては、関和久窯跡を除いた各地区ごとの様相について見てみたい。

(一) 上町《かみちょう》東《ひがし》地区

遺跡の北東部にあたり、第一次調査が行われた地区である。早くより、土塁の存在が明らかとなっていた。土塁については、内側から古代の遺物が採集されたこともあり、当初古代の遺構である可能性が考えられていた。

調査において確認された遺構は、竪穴住居跡、工房跡、掘立柱建物跡、井戸跡、土塁、溝跡がある。このうち、土塁と土塁の外側に併設する溝跡、掘立柱建物跡については、遺構間の重複関係から、古代より新しい時期の遺構と判断された。

この地区で注意されるのは工房跡の存在である。東西八・七メートル、南北二・八～三・〇メートルを測る。長方形を呈しており、床面には二基一対の炉が一メートル間隔で存在している。土師器杯、須恵器杯、羽口、鉄滓が出土している。炉、羽口、鉄滓の存在から鍛冶工房跡と判断され、八世紀前半～中葉にかけて機能し、八世紀後半には機能を停止したものと考えられている。

こうした形状の鍛冶工房跡は、群馬県鳥羽遺跡、茨城県鹿の子C遺跡、仙台市郡山遺跡などの官衙ないし官衙にかかわる遺跡においても発見されている。

竪穴住居跡は、出土した土師器や須恵器の特徴から、工房跡に後続する時期のもので、八世紀末から九世紀前半頃に位置づけられている。少量ではあるが、平瓦、丸瓦が出土する。

(二)　関和神社《せきわじんじゃ》地区

遺跡の北西部にあたり、第二次、三次調査の対象地区である。古く、関和神社下遺跡とよばれていた地区にあたる。

掘立柱建物跡、竪穴住居跡が確認されており、掘立柱建物跡は、重複関係から竪穴住居跡に先行するものと判断でき、八世紀前半～中葉頃に位置づけられる。

竪穴住居跡は、出土した土師器杯の特徴から、八世紀末～九世紀前半に位置づけられる。丸瓦、平瓦、軒平瓦、鉄斧、鉄釘の出土もある。主軸方向の共通性から、数棟のまとまりが確認できる。

土師器杯には、漆の付着あるいは漆紙が残されたものが出土しており、八世紀末頃には漆にかかわる工房が存在した可能性が想定されている。この地区の字名が漆久保であることに、名残を留めているのかもしれない。

(三)　高福寺《こうふくじ》地区

遺跡範囲のほぼ中央西寄りにあたる地区で、かつて高福寺遺跡、中ノ寺高福寺遺跡と位置づけられていた区域にあたる。

四次～六次の三カ年の調査において、掘立柱建物跡、竪穴住居跡、溝跡、一本柱列が確認されている(図27・28)。

時期的な変遷を見ると、まず七世紀末～八世紀初頭頃、西側において柱列で区画し、内部に掘立柱建物跡をともなう区域が成立する。八世紀中葉頃には、上町遺跡の中心的な遺構となる南面廂をもつ二間×七間の掘立柱建物跡が成立する。これは、九世紀前半まで継続する。

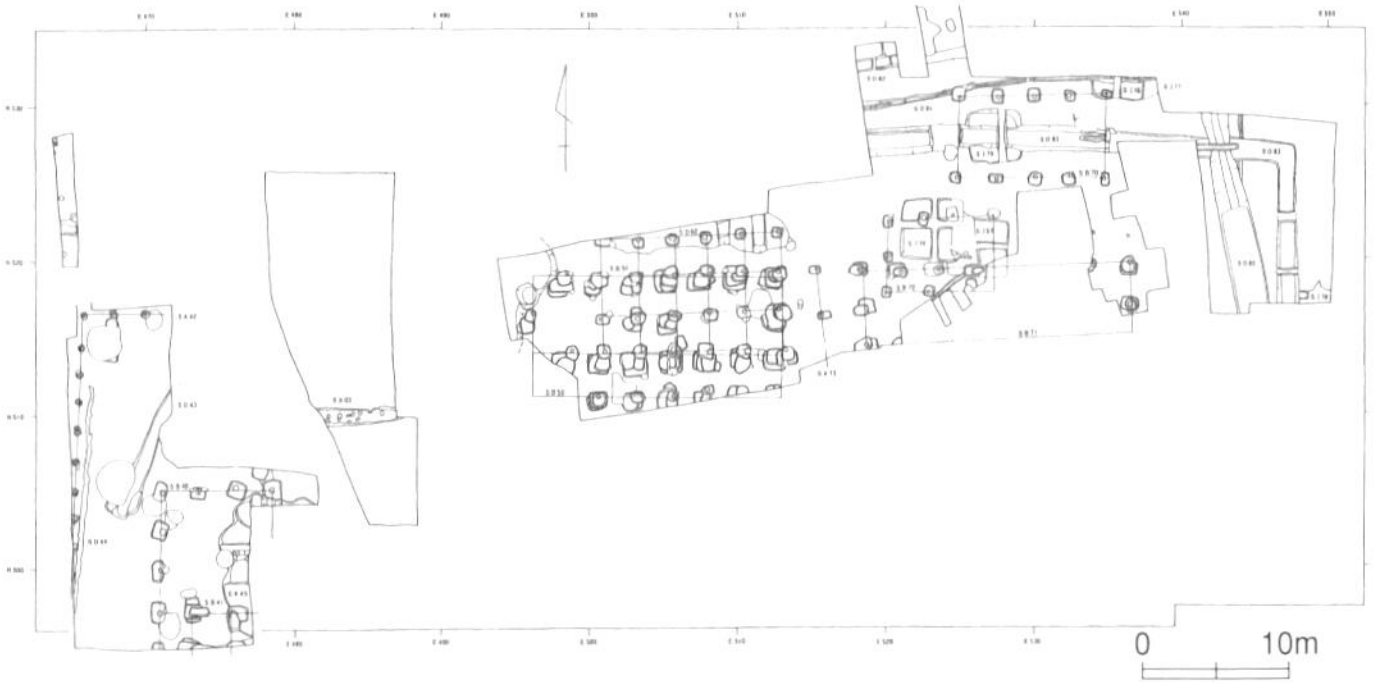

図27　高福寺地区遺構全体図

図28　50号掘立柱建物跡（高福寺地区）

九世紀初頭段階で、新たに二間×七間の規模が想定される東西棟の掘立柱建物跡が加わり、長大な建物が東西に並列する姿となる。また、この二つの建物跡群を囲むように区画溝が掘られる。

九世紀後半では、この長大な建物跡と同じ場所に、総柱の掘立柱建物跡がつくられ、この区域の質的な変化が認められる。

遺物は、掘立柱建物跡をはじめ、竪穴住居跡、溝跡より土師器、須恵器、灰釉陶器、丸瓦、平瓦、軒丸瓦が出土している。

(四)　上町《かみちよう》 南《みなみ》 地区

高福寺地区の南にあたる地域である。七次・八次調査が行われている。

確認された遺構は、掘立柱建物跡、竪穴住居跡、溝跡、柱列、土坑がある（図29）。

この地区の特徴としては、建物跡は明確ではないものの、区画施設となる溝跡、柱列の存在が多く見受けられることである。

遺構群の年代から変遷をたどると、八世紀のある段階で、溝で区画され掘立柱建物跡を主体とする官衙域が成立する。八世紀の後半から末頃は竪穴住居跡が構築される区域となるものの、八世紀末～九世紀初頭段階にいたり、築地あるいは板塀と考えられる区画施設で区切られる官衙域が新たに形成される。

北側に存在し、遺跡の中心地区と想定される高福寺地区との関連性から、非常に重要な位置を占める地区といえよう。

遺物は、竪穴住居跡、溝跡より土師器、須恵器、軒丸瓦、軒平瓦、平瓦が出土している。全体的に出土量は少ないが、とくに土器の出土量が少ない傾向にある。

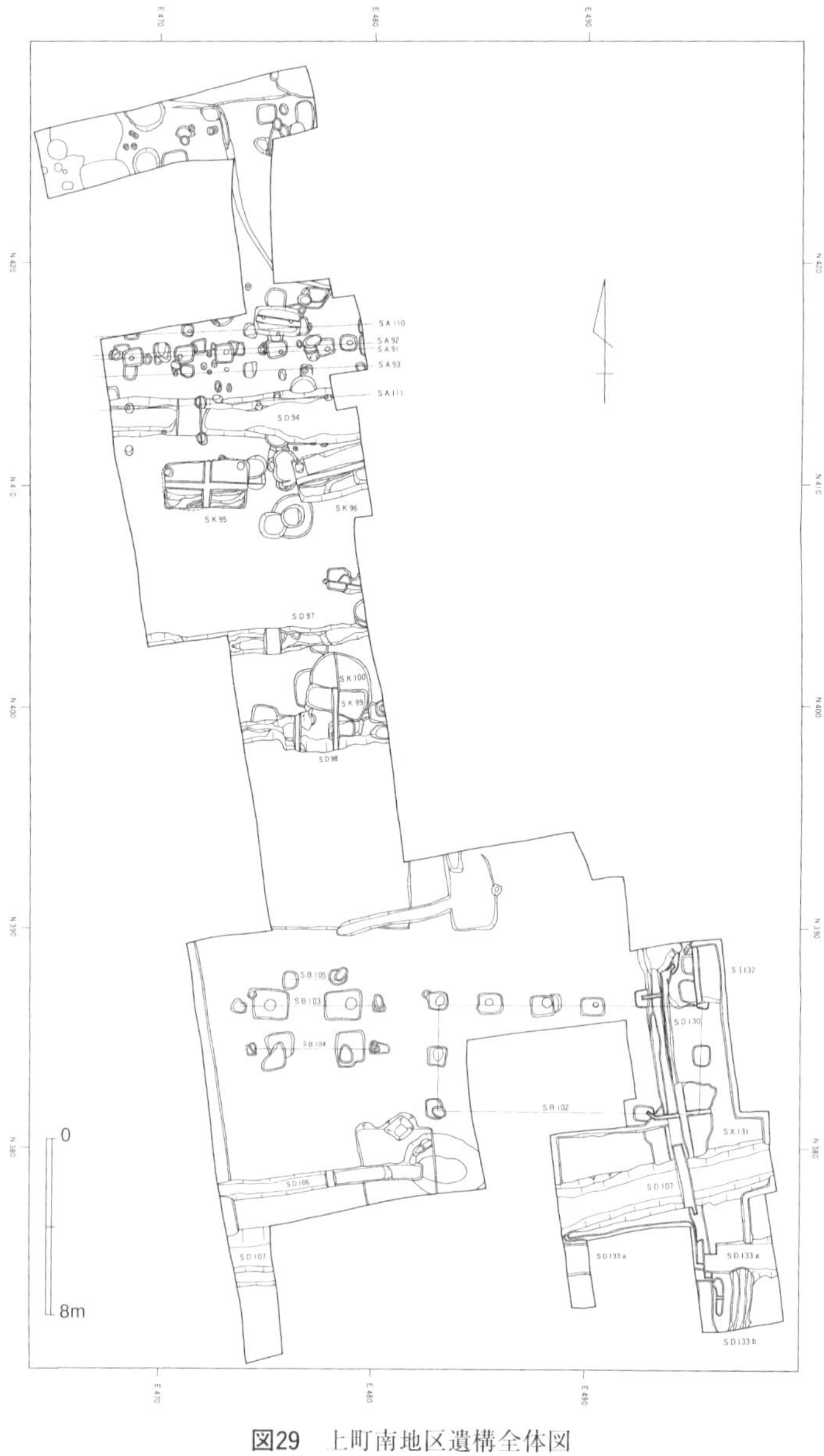

図29　上町南地区遺構全体図

（五）　高福寺東《こうふくじひがし》地区

高福寺地区の北東に隣接する。竪穴住居跡、掘立柱建物跡、溝跡、土坑が確認されている。

八世紀前半段階において、竪穴住居跡一軒と基礎地業が見られる。この基礎地業については、全体像は明確ではないが、検出位置や他の遺構との位置関係などから、上部がカットされた築地塀《ついじべい》の基礎地業、あるいは土地の地盤が泥質で基盤が脆弱であることから、面的な地盤強化を行った整地層との見方がなされている。

八世紀後半段階は、遺構の存在は確認できないが、八世紀末から九世紀前半において、再度遺構の存在が確認される。とくに、九世紀前半に位置づけられる遺構が多くみられる。

掘立柱建物跡は、一カ所において建て替えを行っている状況も見られ、少なくとも三時期の変遷が確認されているが、この地区における遺構は、九世紀後半段階までは存続しないようであり、九世紀前半の比較的短期間での存在と考えられる。

掘立柱建物跡、竪穴住居跡からの遺物の出土は少なく基礎地業部分から土師器、須恵器、瓦が比較的まとまって出土している。

（六）　福蔵《ふくぞう》地区

遺跡推定範囲の、最も南側にあたる地点である。最終年度に調査を実施した。

掘立柱建物跡の柱穴と考えられる柱跡群、土坑、溝跡、井戸跡が確認されているが、遺構内からの遺物の出土も少なく、また調査範囲も狭いことから、遺構の変遷を確認できる状況にない。

古代の瓦、土師器、須恵器の存在（多くが遺構外からの出土）や、溝跡の軸線が、他の地点で確認されている遺構の軸線と共通していることなど

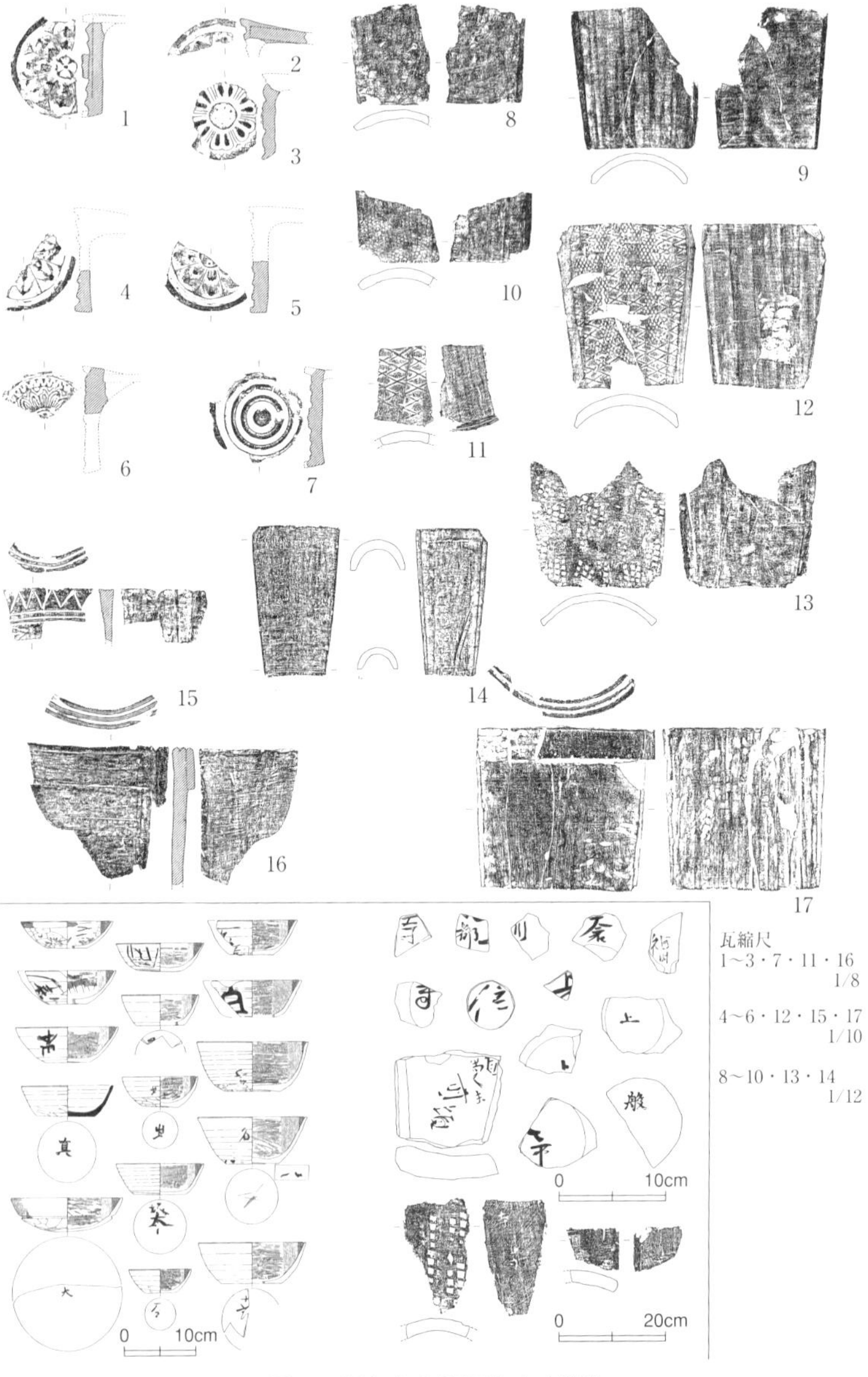

図30　関和久上町遺跡出土遺物

から、関和久上町遺跡を構成する遺構であること は間違いないものととらえられる。

(七)　上町遺跡出土遺物

遺物には、土師器・須恵器、灰釉陶器、筒形土器、赤焼土器、羽口、鉄製品、鉄滓、瓦が遺構の内外より出土している(図30)。

このうち、墨書・刻書土器、瓦の特徴について触れてみたい。

墨書・刻書土器

おもに、高福寺地区、上町東地区、関和神社地区において出土が確認できる。八世紀前半に始まり、九世紀中頃まで存続しているが、最も盛行するのは九世紀前半段階である。

記された文字の分析を行った平川南は、「福・真・大・万倍・得寶・寺・山上・山知」等の文字構成は、一般集落より出土する内容と共通するとし、「白」をはじめ「万呂所」「水院」「厨」「大家」「駅家」「舎」「郡」「屋代」等、官衙遺跡の特色を示す内容の墨書土器を出土する関和久遺跡との差異は、両遺跡を比較する上で、一つの重要な素材となることを指摘している。

瓦

出土した瓦には、複弁六葉蓮華文、多賀城Ⅰ期に相当する重弁八葉蓮華文、単弁蓮華文、細弁蓮華文、重圏文の軒丸瓦、ロクロ挽き二重弧文、ロクロ挽き三重弧文、手描き二重弧文、珠文縁鋸歯文、無文の軒平瓦、丸瓦、平瓦、道具瓦が出土している。

全体的に出土量は多いとはいえないが、高福寺地区・上町南地区・上町東地区においては、多種類の瓦が確認されている。

また、関和久窯跡で焼成された瓦の存在が確認されている。

（八） 関和久出土の瓦の特徴

関和久遺跡、関和久上町遺跡の瓦については、過去に表面採集された資料、発掘調査で確認された資料、さらには借宿廃寺跡において収集された資料をもとに、辻秀人により表4〜6、図31に示したように分類がなされている（表6は辻の分類を著者が要約したもの）。

さらに辻は、供給瓦窯跡の共伴関係や各瓦の観察から、出土瓦群について五つのグループに分けている（図32）。

第一グループ 複弁六葉蓮華文軒丸瓦、ロクロ挽き二重弧文、三重弧文軒平瓦、粘土板桶巻き作りの丸瓦、平瓦で構成される。関和久遺跡、借宿廃寺の創設にともなうと考えられ、七世紀末から八世紀初頭の年代が想定されている。上町遺跡でも、最も古く位置づけられる。表郷《おもてごう》村大岡窯跡からの供給である。

第二グループ 単弁八葉蓮華文軒丸瓦（多賀城Ⅰ期の軒丸瓦と同様の文様構成あり）、手書き二重弧文軒平瓦、粘土紐素材の桶巻き作りの平瓦がセットとなる。多賀城創建の八世紀前葉が上限年代となる。

多賀城跡と共通する文様構成をもつ瓦の存在について鈴木啓は、「国司指揮下の白河軍団、白河関の存在が接点であろう」とし、「古代白河郡衙の役割が、瓦によって可視的に表示されていたことを理解しなければならない」と指摘する。

第三グループ 細弁蓮華文軒丸瓦、珠文縁鋸歯文軒平瓦、粘土紐素材の桶巻き作り丸瓦、縄タタキのある粘土板素材一枚作りの平瓦で構成され、年代は、第二グループに近接すると想定される。

第四グループ 重圏文《じゅうけんもん》軒丸瓦、粘土板素材の桶巻き作り丸瓦で構成される。軒平

表4 軒丸瓦観察表

番号（分類）		瓦当面										
		直径 cm	内区					外区				
			内区径 cm	中房		弁区		外区幅 cm	内線		外線	
				径 cm	蓮子	弁数	弁幅 cm		幅 cm	文様	幅 cm	文様
1100（複弁六葉蓮華文第一類）		18.5	15.3	6.0	1+6	複6	5.7	1.6			1.6	X字状浮文
1101（複弁六葉蓮華文第二類）		15.5	13.1	5.0	1+6	複6	4.7	1.2			1.2	X字状浮文
1102		不明	不明	不明	不明	複（弁数不明）	3.7	1.2			1.2	X字状浮文
1101（複弁六葉蓮華文第三類）		17.0	13.6	5.8	1+6	複6	4.2	1.7			1.7	X字状浮文
1111		不明	不明	不明	不明	複（弁数不明）	4.9	1.8			1.8	逆V字及び棒状浮文
1120（重弁八葉蓮華文第二類A）		18.5	15.5	4.2	1+4（楔形）	単8	3.8	1.5			1.5	X字状浮文
1121（重弁八葉蓮華文第二類B）		19.4	15.4	4.3	1+4	単8	4.0	2.0			2.0	無文
1122		不明	不明	不明	不明	単（弁数不明）	不明	1.5			1.5	無文
1140（単弁八葉蓮華文第一類）		19.0	14.8	4.0	1+4	単8	3.5	2.1			2.1	無文
1150（重弁八葉蓮華文第三類）		17.6	15.2	2.2	なし	単8	3.3	1.2			1.2	無文
1151（重弁八葉蓮華文第三類）		不明	不明	不明	不明	単（弁数不明）	3.3	不明			不明	不明
1160（重圏文軒丸瓦）		16.0	14.6	5.7	なし	円心円文		0.6				無文
1161（重圏文軒丸瓦）		16.0	13.5	5.3	なし	円心円文		0.7				無文
1162（重圏文軒丸瓦）		18.2	14.9	3.6	なし	円心円文		0.9				無文
1180（細弁蓮華文軒丸瓦）		18.5	12.6	4.1	1+8	単16	2.0	2.7	1.2	鋸歯文	1.5	無文

（注 カッコ内は『関和久遺跡・Ⅰ』掲載の分類名称で番号と呼称の対応関係を示すため付記した。従って本書における瓦群の呼称とは異なる。）

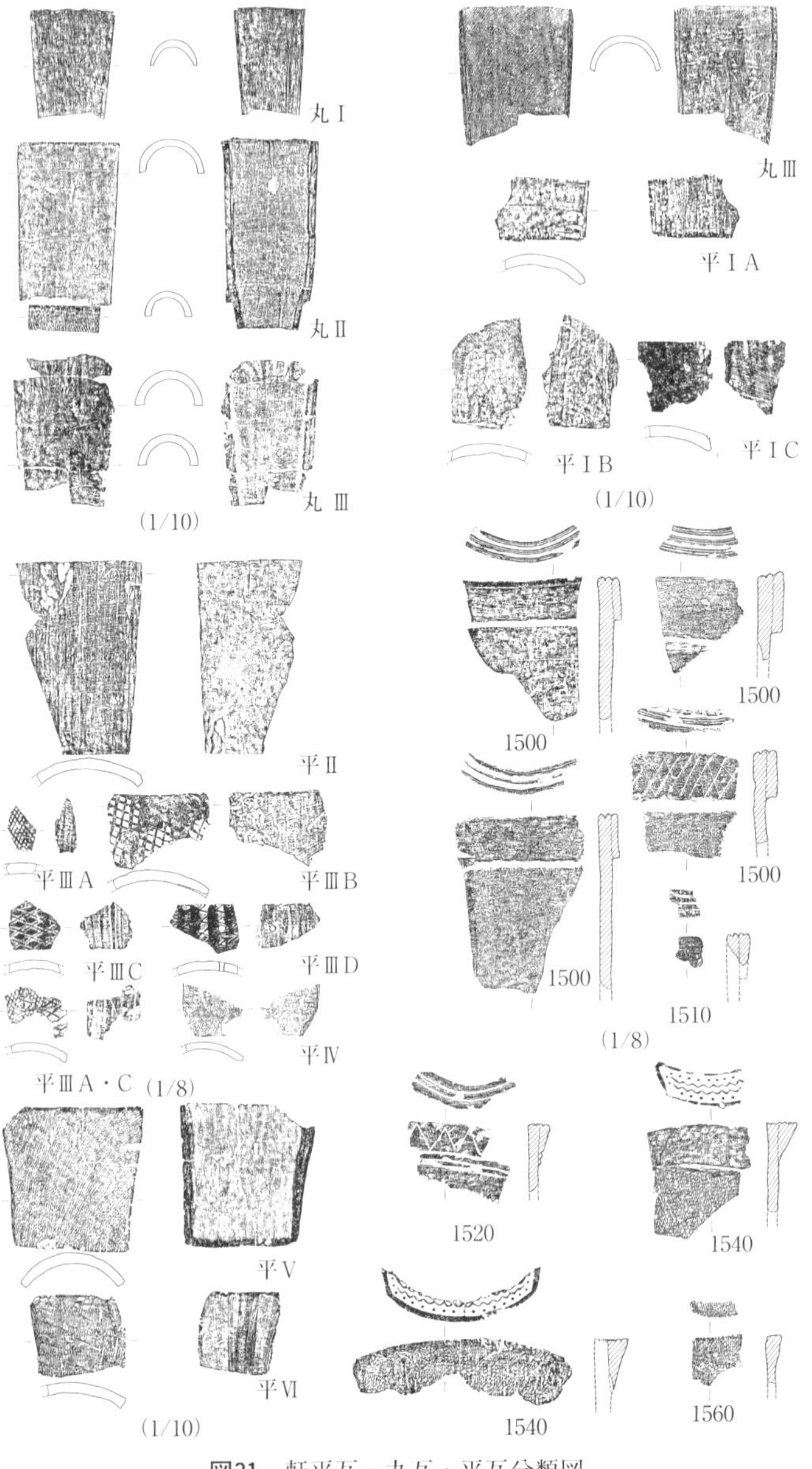

図31　軒平瓦・丸瓦・平瓦分類図

表５　軒丸瓦出土一覧

分　　類	関和久遺跡	関和久上町遺跡		借宿廃寺跡	供給窯
1100 （複弁六葉蓮華文第一類）	○		◎	○	大岡窯跡
1101 （複弁六葉蓮華文第二類）	○	○			
1102		○			
1110 （複弁蓮華文第三類）	○		◎		
1111		○			
1120 （重弁八葉蓮華文第二類Ａ）		○	◎	○	
1121 （重弁八葉蓮華文第二類Ｂ）		○	◎	○	
1122		○	◎		
1140 （単弁八葉蓮華文第一類）	○			○	
1150 （重弁八葉蓮華文第三類）		○			
1151 （重弁八葉蓮華文第三類）	○				
1160 （重圏文）		○			
1161 （重圏文）			◎		
1162 （重圏文）			◎		
1180 （細弁蓮華文）	○	○	◎		関和久３号窯跡

（　）内は、関和久遺跡での分類名称。

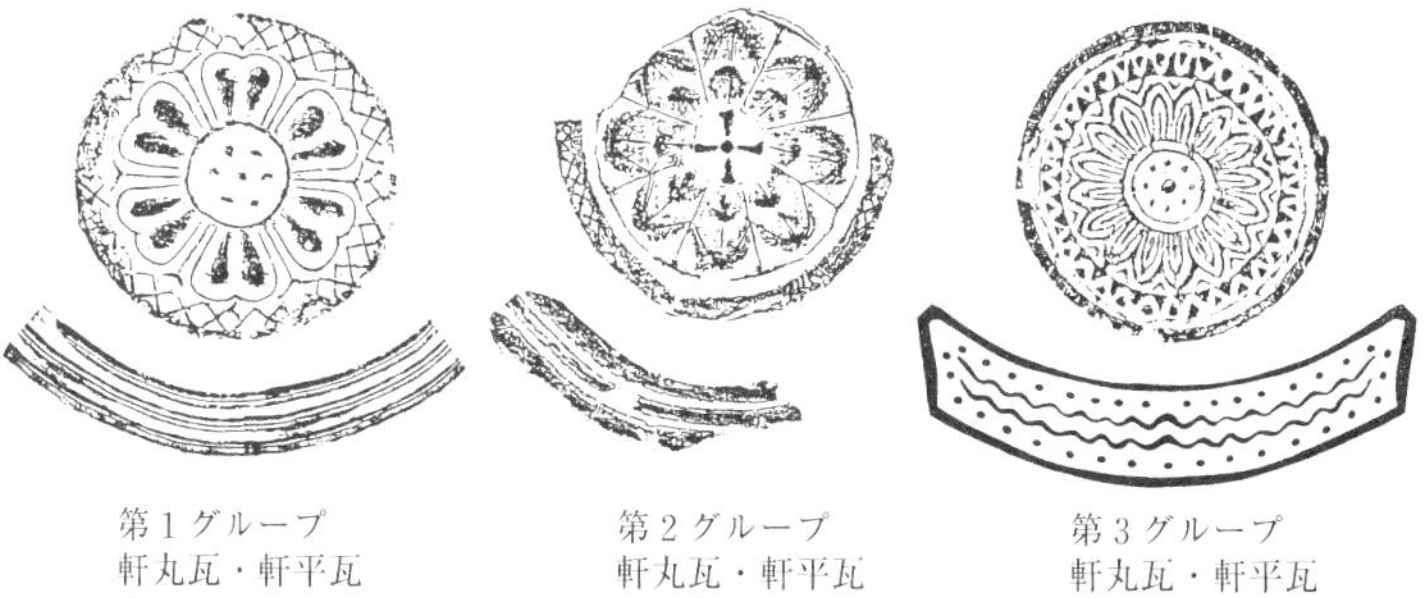

第１グループ　軒丸瓦・軒平瓦
第２グループ　軒丸瓦・軒平瓦
第３グループ　軒丸瓦・軒平瓦

図32　軒丸瓦・軒平瓦のセット

表6　瓦分類一覧

分類		特徴	関和久遺跡	関和久上町遺跡	借宿廃寺跡	供給窯
丸瓦	第Ⅰ類	粘土板を素材とする桶巻き作りで、凸面にナデ・ケズリ、凹面には縦方向のケズリが施されている。有段・無段の両者がある。	○	○ ◎		
	第Ⅱ類	粘土紐を素材とする桶巻き作りで、凸面をナデまたはケズリで調整する。有段・無段の両者がある。	○	◎		関和久3号窯
	第Ⅲ類	粘土板を素材とする桶巻き作りで、凸面に縄タタキを残す。	○	○ ◎		
平瓦	第Ⅰ類	粘土板を素材とする桶巻き作りで、凸面にナデ・ケズリ調整を施してる。凹面は、部分的な調整に止まるものが多い。	○	◎		大岡窯跡
	第Ⅱ類	凸面に布目および板状圧痕が残るものである。布目は、部分的に縦方向のケズリですり消される事が多い。	○	○ ◎	○	かに沢窯跡
	第Ⅲ類	凸面に格子ないしX形のタタキを残すもの。ナデ調整の後タタキが施される。凹面は、布目が残りほとんど調整されない。タタキの種類によって細分される。				
	Ⅲa類	比較的小型の斜格子を密に残すもの		◎		
	Ⅲb類	比較的大型の斜格子をまばらに残すもの。糸切痕がみられ、粘土板素材の桶巻き作り。		◎		かに沢窯跡
	Ⅲc類	大型のX型		◎		
	Ⅲd類	X型の連続		◎		
	第Ⅳ類	凸面に縄タタキを残す粘土板素材の桶巻き作り。凸面は、縄タタキを残すだけで特に調整されない。凹面は、布目が残り板状圧痕が観察される。側縁ナデ、側面ケズリ、狭端面ケズリ。	○	◎	○	
	第Ⅴ類	凸面に密な縄タタキを残す粘土板素材の一枚作り。凸面は、密な縄タタキが残される。凹面は、中央部に布目が残る。多くの両側縁、広狭両端縁はケズリ調整。両側面はケズリ調整で、二面に面取りされるものが多い。		◎		関和久3号窯

	第Ⅵ類	凸面に平行タタキを残す粘土板素材の桶巻き作り。凸面は、密な平行タタキが残される。凹面は、布目が残され、調整されることは少ない。両側縁はケズリ調整。凸面側縁のケズリにより二面に面取りされる。広狭両端は、特に調整されない。	○	◎		
軒平瓦	重弧文軒平瓦第一類1500	瓦当面はロクロ挽き二重弧文。顎部は平瓦の広端部に粘土板を重ねて作り出している段顎である。粘土板の接合時に、平瓦広端部の凸面に縦ないし横方向の平行線を刻むのが一般的。顎部は、ナデ調整され無文が多いが、借宿廃寺跡資料に斜格子をヘラ先で描いたものあり。	○	○　◎	○	
軒平瓦	1510	資料が少ない。瓦当面はロクロ挽き三重弧文。顎部は、段顎の可能性あり。顎部は無文。	○	◎		
軒平瓦	重弧文軒平瓦第二類1520	瓦当面は手描きによる二重弧文。顎部の断面は、瓦当面で厚く、平瓦部に近づくにつれ薄くなり、三角形状を呈する。顎部は粘土を貼りたして作っており、接合時に縦方向の平行線のヘラ傷をつける。鋸歯文の下に２本の平行沈線を描くものが多いが、円文と２本の平行沈線、２本の平行沈線だけのものもある。	○	○　◎		
軒平瓦	珠文縁鋸歯文軒平瓦1540	笵により施文される。瓦当面は横走する２本の鋸歯文とそれを囲む珠文で珠文縁鋸歯文である。顎部は、粘土板を素材に作られ、断面三角形状を呈する。	○	○　◎		関和久３号窯
軒平瓦	無文軒丸瓦1560	瓦当面は無文で、縄タタキが残されている。顎部は、瓦当面側が厚く、平瓦部にいくにつれ薄くなり、断面三角形状を呈する。粘土の貼りたしが少ない事もあり、平瓦部との厚さの違いはさほど無い。	○			
道具瓦	隅切り瓦	側辺から狭端部にかけて切り落としている。平瓦Ⅰｂ・Ⅰｃ類が用いられている。	○	◎		
道具瓦	熨斗瓦			◎		
瓦甎					○	大岡窯跡（借宿資料とは異種）

（関和久遺跡○は発掘・表面採集資料、関和久上町遺跡○は表面採集資料、◎は発掘資料、借宿廃寺跡○は表面採集資料）

瓦、平瓦は不明である。年代については、積極的な根拠はないものの、大きく年代が降るものではないと考えられている。

第五グループ　無文軒平瓦と粘土板素材の一枚作り平瓦で構成される。平瓦の共通から、第三グループと同様な年代が考えられる。

限られた資料からの見解ではあるが、瓦群の構成比率の検討から、上町遺跡の瓦のあり方は、関和久遺跡の官衙ブロックである中宿・古寺地区の状況に近い傾向が見られると位置づけられている。

（九）遺構の変遷

各地区における調査の結果、広範囲にわたって、古代の遺構の分布を確認することができた。以下においては、確認された遺構群について、変遷をたどってみたい（図33）。

第一期は七世紀末頃に位置づけられる。高福寺地区において掘立柱建物跡、柱列が確認され、この地区付近に小規模な最初の官衙ブロックが成立したものと考えられる。

第二期は八世紀中頃〜後半に位置づけられる。第一期からはやや時間の経過があるが、高福寺地区では南面に廂を有する二間×七間の掘立柱建物跡が建てられ、継続する官衙ブロックが成立する。

高福寺地区の南に位置する上町南地区では、掘立柱建物跡、区画施設である溝跡が確認され、この地区まで官衙の範囲が広がっていることが、確認できる。

第三期は八世紀後半から末頃に位置づけられる。高福寺地区では中心的建物の掘立柱建物跡の建て替えが行われる。上町南地区、高福寺東地区では、官衙に属する遺構の存在は確認されない。

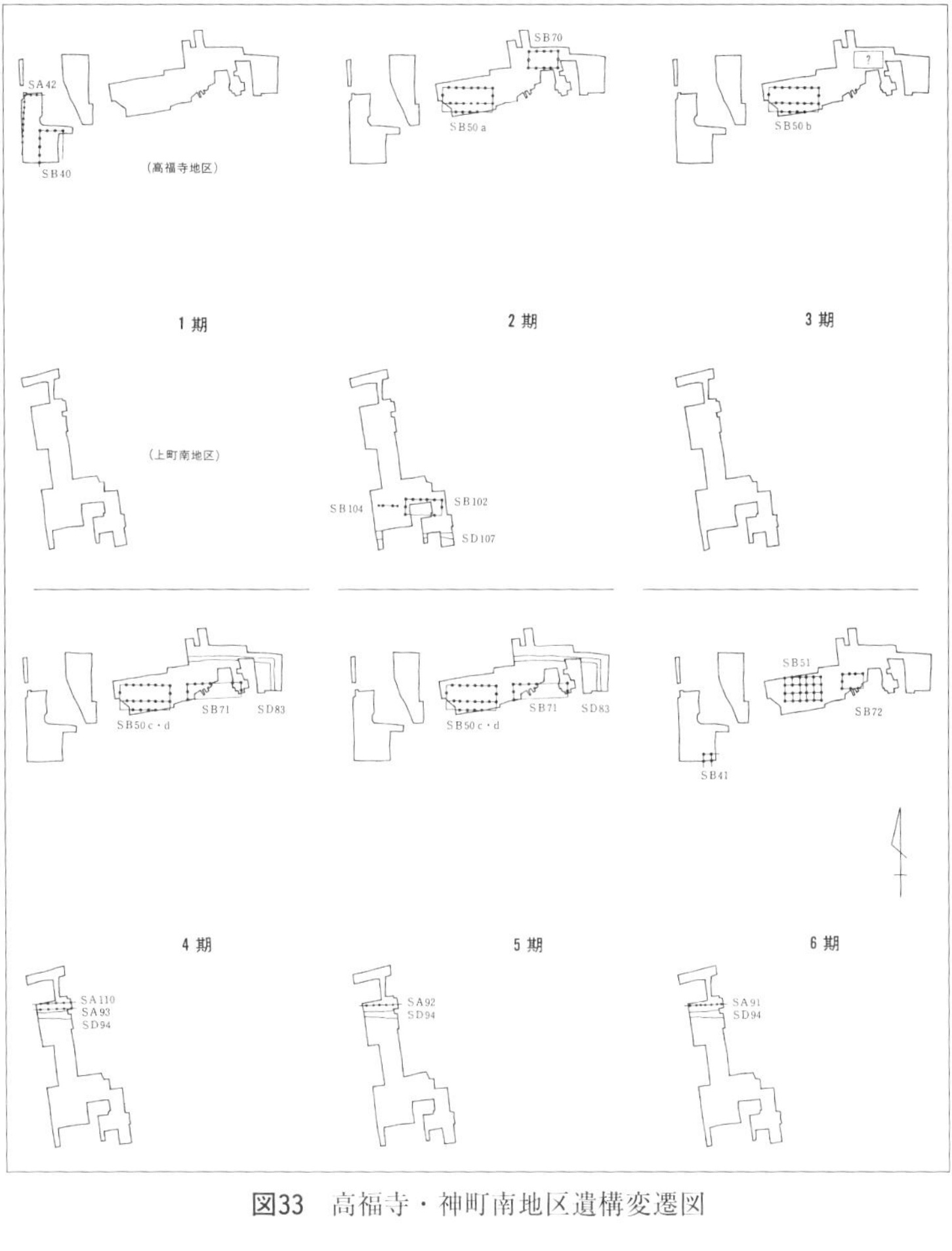

図33　高福寺・神町南地区遺構変遷図

表7　関和久上町遺跡遺構変遷表

時期区分	関和久遺跡 明地(正倉)地区	関和久遺跡 中宿・古寺地区	関和久上町遺跡	高福寺地区	上町南地区	高福寺東地区	関和神社地区	上町東地区	福蔵地区	関和久窯跡
7世紀末葉	I 期	A 期	1期	SD44 SA42 SB4 SK45						
8世紀前半	II 期					SX367 SI151	SB02？ SB03？ ？			3号窯
8世紀中葉～末	III a 期	B 期	2期	SB50a? SD62 SB70	SB102?～105 SD133b	SI150	SI16 SI17 SI18	SX01		
			3期	SB50b	SI132	SD163	SI120・121			
9世紀前半	III b 期	C1期	4期	SB71 SI74 SI76 SB50c・d SI79	SA93・110 SA92	SB155 SB156 SB157・160 SB153・159	SB120 SI11 SI09 SI14	SI05 SI01 SI04 SI03		1号窯
			5期	SD83	SA91 SD94		SI15 SI19			
9世紀後半	IV 期	C2期	6期	SB41 SB51 SB72		SK161		SI06		
10世紀	V 期	D 期								

第四期は九世紀初頭頃である。高福寺地区では新たな建物が建築され、建物群として充実する。また、区画施設である溝が掘られるなど、官衙として大きな整備が行われたようである。上町南地区では、築地の寄柱と考えられる一本柱列が存在することから、築地を区画施設とするブロックが成立したものと判断できる。これは、つづく五期には、一本柱列として継続するので、安定して使用される官衙ブロックが成立したと考えられる。高福寺東地区でも官衙ブロックが成立するようであるが、単期の建物が多いことから、高福寺地区とは性格を異にするようである。

第五期は九世紀前半頃に位置づけられる。高福寺地区は、四期を踏襲して継続するが、上町南地区では、区画施設が築地から一本柱列に変化するが、その理由は不明である。

第六期は九世紀後半頃である。高福寺地区においては、大型の建物跡が総柱の建物跡に変化する。上町南地区は五期の姿を踏襲している。両地区とも十世紀の遺構は確認されていないことから、十世紀には建物跡が消滅した可能性が考えられる。

このようにみると、高福寺地区、上町地区、高福寺東地区では、それぞれ独自の変遷をたどっているようにみられる。しかし、いずれの地区においても共通して第四期に大きな変化が見られることから、相互に関連性をもちながらも、独自性を保っていた様子を見て取ることができる。

（一〇）遺跡の性格

一〇年に及ぶ調査から導き出された関和久上町の姿は、築地や柵列で区画される区域が存在し、掘立柱建物跡で構成される官衙ブロックと工房跡群も配置された風景である。では、ここはどんな場所であったのか。

当初、大規模な建物跡の存在から、郡家の政庁=郡庁院が存在したものと想定されていたが、調査の総括を行った岡田茂弘は、関和久官衙遺跡から出土する墨書土器の内容が、郡名を示すと考えられる「白」や、「厨」「万呂所」「水院」「郡」「舎」など、官衙遺跡に特有なものが見られるのに対し、上町遺跡出土の墨書土器は「福」「真」「大」「万倍」など、一般集落に共通するものが多いとし、官衙であっても関和久遺跡の官衙に比してより周辺的な性格を有していたと考え、上町遺跡が白河郡家の郡庁院とはならないとしている。また、調査のきっかけともなった「白河軍団」説については、白河軍団が設置された七二八年、つまり八世紀の前半代にあたる遺構の存在が確認されないこと、文献から十世紀前半には軍団の存続が確認されるにもかかわらず、上町遺跡は廃絶している可能性が高いことから、軍団説は成立しないとした。

遺跡の結論は、白河郡家と一体の複数の官衙からなる遺跡であるものの、その性格は不明というものであった。

近年、鈴木啓は高福寺地区より発見された二間×七間の南面廂の建物跡について、その規模の大きさから、白河関司（国司四等官の交代勤務）の勤務する正殿の可能性を推定し、木本元治は郡庁院との考えを示すなど、遺跡の性格づけについて新たな考えが打ち出されるにいたっている。

筆者は、現在までの調査の状況からは、十分に性格づけができる条件が整っているとはいえず、さらに検証のための調査を行う必要性を感じる。

なお、遺跡の範囲は、調査において遺構が確認された、東西約五〇〇メートル、南北約六〇〇メートルとしている。

図34　関和久上町遺跡遺構配置図

4　新たな展開

二〇年に及ぶ、関和久官衙遺跡、関和久上町遺跡の調査により、泉崎村関和久の地には溝や塀で囲まれた倉庫群や官衙ブロックの存在が明らかとなり、この地に古代白河郡衙、郡衙と同じ変遷をたどる官衙が、広い範囲にわたって展開していたことが明らかとなった。それは、大正十五年に高福寺地区において岩越二郎が瓦を採集してから、六五年目のことであった。

そして、調査開始時点では明確にされていなかった遺跡の範囲に

図35　関和久遺跡群確認遺構

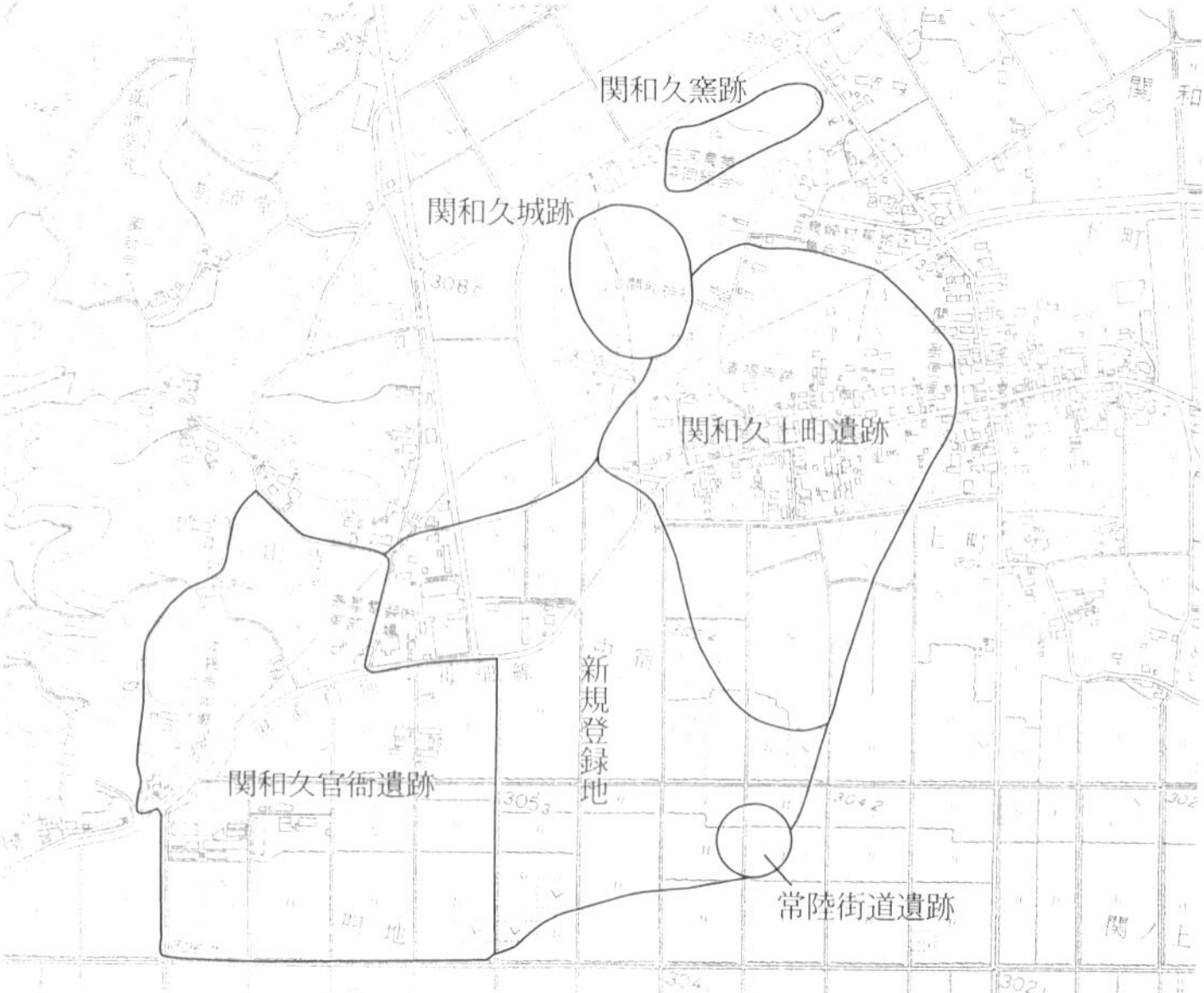

図36　関和久遺跡群範囲図

ついても、それぞれの調査結果から、範囲が明示されるようになった。

その結果、地形的な検討も加えられ、両遺跡の間には空白地帯が存在するものと理解されるようになったのである。

一九九五（平成七）年頃より、両遺跡内を東西に走る県道の改修工事が行われるようになり、工事に先立って、開発箇所を対象とした試掘調査や本調査が行われた（図35）。

調査の結果、古代の遺構・遺物の存在が確認され、今まで遺跡の範囲より除外されていた区域からの遺構の存在が確認され始めた。

こうした状況を踏まえ、平成十二年度からは、泉崎村教育委員会により関和久官衙遺跡内の現状変更に対する確認調査、関和久官衙遺跡・関和久上町遺跡の範囲確認を目的とした調査が実施され、県道にかかわる調査の結果などとともに検討し、今まで遺跡の範囲には登録されていなかった関和久官衙遺跡と関和久上町遺跡の間も、遺跡の範囲に含めるべきとの見解にいたった。

二〇〇三（平成十五）年に、関和久官衙遺跡、関和久上町遺跡をも包括した範囲を関和久遺跡群として認識するにいたっている（図36）。

一九七二～九一（昭和四十七～平成三）年まで実施された関和久遺跡、関和久上町遺跡の調査は、この地が古代白河郡衙であることを明らかにした画期的なものであった。

これらの調査成果をもとに、現在までの間にいくつかの古代白河郡衙の姿が語られてきた。

しかし、遺跡全体の面積を考えたとき、調査が実施されたのはごく一部であり、調査により明らかにされた事実は、「白河郡」の中枢を担った郡衙の実像をかならずしも明解に示したといえるものではなく、遺跡の範囲を始めとして、郡衙政庁の確認、軍団の確認など、郡衙の構造解明に向けて取り組まなければならない課題は、多く存在するものと認識している。

白河郡衙および郡衙周辺地域での、新たな遺構群の発見が相次いでいる昨今、現在までに積み重ねられてきた白河郡衙（関和久遺跡・関和久上町遺跡）に対する調査・研究の成果を再整理し、新たな情報を加味してあらためて検証することの必要性を痛切に感じている。

新たな検証と、検証にもとづくさらなる調査・研究の構築が、今後求められる。郡衙の実像はいかなる姿であったのか。その解明は、二十一世紀の大きな課題である。

Ⅳ　郡衙成立前夜の白河

前章においては、発掘調査により明らかにされた古代白河郡衙の内容について述べてきた。

では、なぜここに郡衙が。この問いに対して、長年明解な回答を示せる状況にはなかった。

しかし、近年関和久周辺地域において実施された発掘調査は、この地に郡の中枢が置かれるだけの下地が、すでに六世紀の頃から連綿と形づくられていたことを、明らかにするものとなった。

長い間の疑問、なぜこの地に郡の中枢である郡衙が設置されたのか。その答えは、一つの遺跡の発見によりもたらされた。

ここでは、一つの遺跡の発見により繰り広げられたさまざまなドラマと、その舞台裏について覗いてみようと思う。

ドラマの舞台となる遺跡群は、白河市の中心部より東へ八キロほど行った、舟田《ふなだ》、借宿《かりやど》、本沼《もとぬま》地区に所在する。

関和久官衙遺跡の西側約一・八キロ、芦ノ口《あしのくち》集落より北西に広がる谷部に存在する谷地久保古墳、阿武隈川を挟んだ対岸、約二キロのところに存在する下総塚古墳、舟田中道遺跡、借宿廃寺跡である。

1　舟《ふな》田《だ》中道《なかみち》遺跡

(一)　調　査

平成六（一九九四）年度に、白河市の東部に位置する舟田地区において、県営ほ場整備事業が採択された。工事区域は、一三四㌶と広大な面積にのぼる大事業である。

区域内には、四カ所の埋蔵文化財包蔵地の存在が明らかとなっていたが、事業採択の決定が平成六年度も押し迫った時期であったことから、実質的な埋蔵文化財の事前協議は平成七年度に行われた。その結果、予算確保の問題もあり、事前協議に供する試掘調査は、平成八（一九九六）年度に行うこととなったが、工事着手時期と試掘調査時期のずれは、後にあらゆる形で支障となった。

舟田中道遺跡は、調査当初「記念遺跡」として登録され、およそ一万平方㍍が遺跡の推定範囲となっていた。そして、この範囲が試掘調査の対象範囲と確認されていた。

ほ場整備事業が始まって間もない頃、耕作土の不足が生じたことから、遺跡北側の未周知部分において土取り作業が行われた。その際、崖面より土器や遺構が新たに発見され、遺跡が広範囲に存在している可能性が考えられたため、土器発見地点から、地形的に連続性が見られる範囲について、新たに試掘調査の対象地区に追加し、調査を行うこととした。

試掘調査の結果、遺構・遺物の確認された範囲は、記念遺跡として登録された範囲のおよそ十倍の約一〇万三〇〇〇平方㍍まで拡大した。そして、遺跡の範囲はさらに事業区域外へも広がることが明らかとなり、この地に広大な集落跡が展開していることが確認されたわけである。

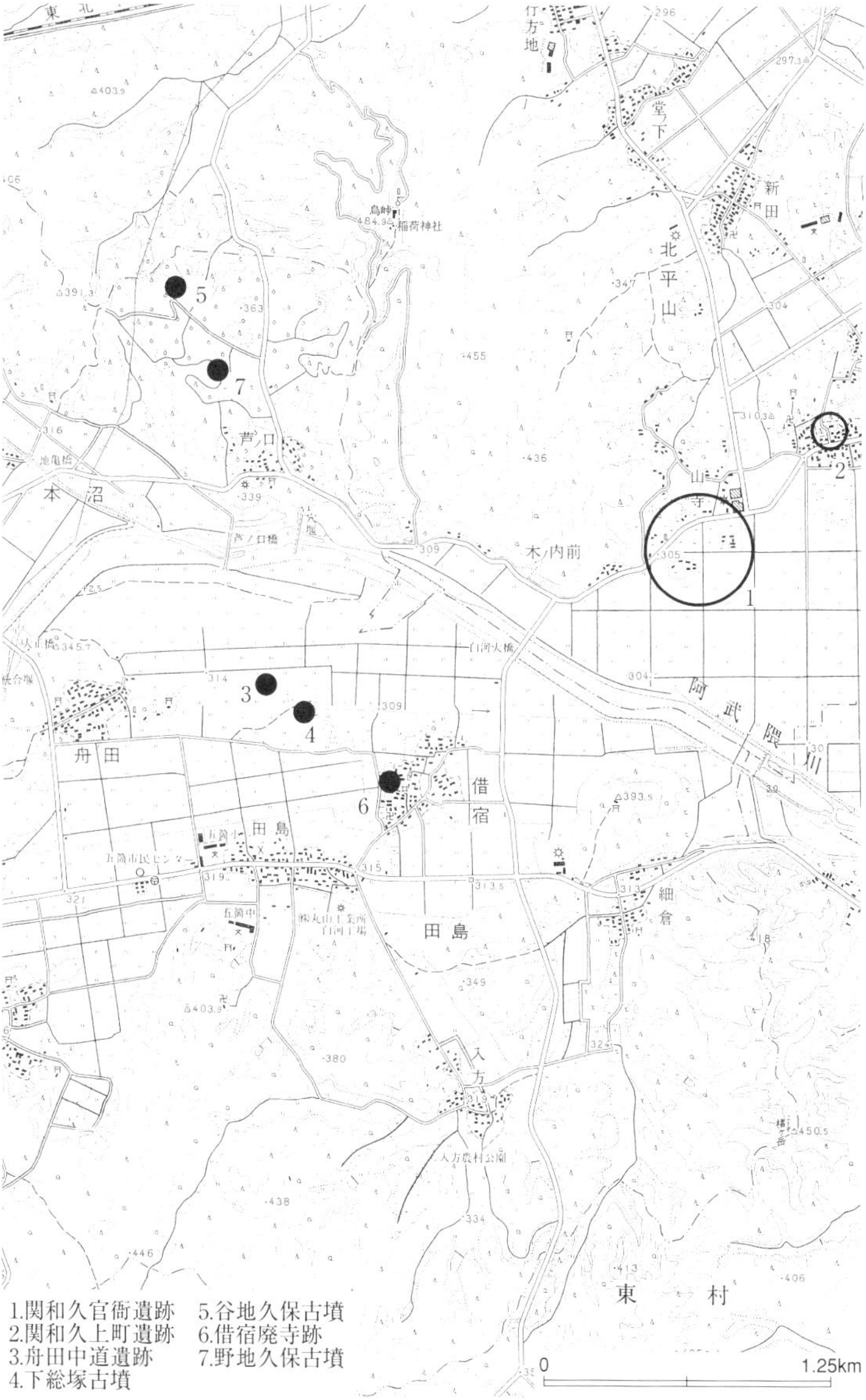

東北
行方地
堂下
新田
北平山
鳥峠
稲荷神社
芦ノ口
本沼
芦ノ口橋
木ノ内前
山寺
白河大橋
阿武隈川
舟田
借宿
田島
五箇市民センター
細倉
入方
入方農村公園
東村
1
2
3
4
5
6
7
0
1.25km
1.関和久官衙遺跡
2.関和久上町遺跡
3.舟田中道遺跡
4.下総塚古墳
5.谷地久保古墳
6.借宿廃寺跡
7.野地久保古墳

図37 遺跡群位置図

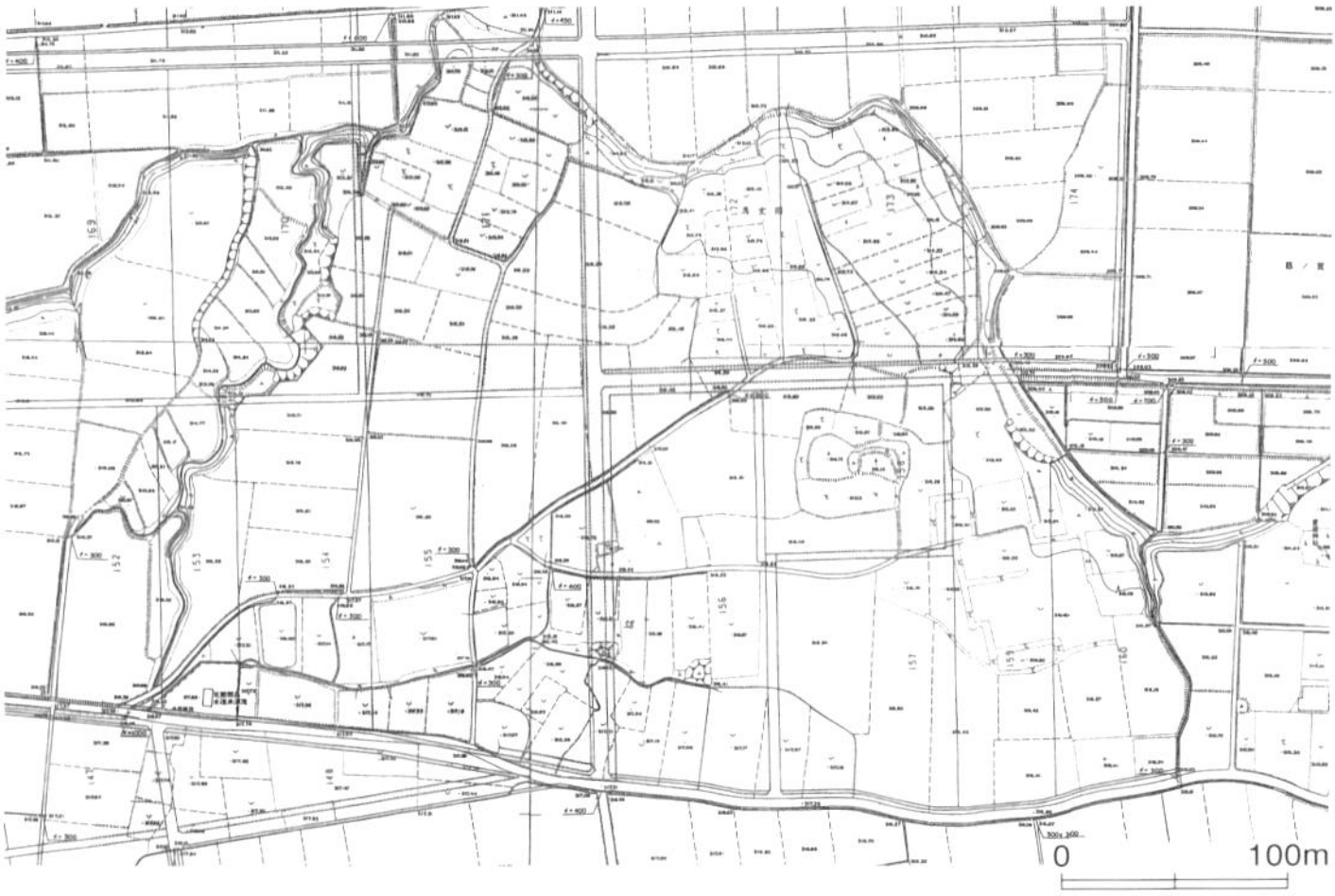

図38　舟田中道遺跡調査区（アミの部分が調査箇所）

図39　舟田中道遺跡全景

この段階で、当初「記念遺跡」として登録した範囲は、遺跡の南西部の一角でしかないことが確認され、検討の結果、遺跡の範囲の多くを占める字名と地区名を付した名にすべきとの結論にいたり、遺跡名を「舟田中道遺跡」と変更した。

　試掘調査の後、極力現状での保存を図るための努力をしたが、現地表面よりおよそ五メートル掘り下げ水田とする計画の場所については、現状での遺跡の保存が無理と判断され、本発掘調査を実施することとした。最終的には、遺跡の北半部にあたる約三万五〇〇〇平方メートルが調査の対象となった。

　本調査は、試掘調査の終了後、時をおかずして平成八年度末より開始した。おもに水路設置部分の調査で、面積的には少ない範囲であった。

　平成九（一九九七）年度に入り、調査も本格化する。しかし、当時白河市の埋蔵文化財の事業量と、調査担当職員とのバランスは比例しておらず、職員一名での対応という、きびしい状況下でのスタートとなった。

　平成八・九年度では、およそ二万平方メートルの範囲について調査が終了した。この段階で次のことが明らかとなった。

　この地において、人の活動の痕跡が確認できるのは縄文時代からである。弥生時代においても遺物の出土は見られるが、この段階では人の居住を示すものはない。

　五世紀の中頃になり、集落の形成が始まる。集落は、五世紀後半まで継続しているようであるが、六世紀に入ると集落の存在は確認できなくなる。住居跡としての遺構は、その後六世紀後半代になり確認されるようになる。また、この時期は古墳の造営もなされるなど、大きく土地利用の変化がみられる。

　六世紀後半以降は、やや断絶する時期はあるものの、九世紀まで集落は存続しており、最終的には九世紀後半頃までに終焉を迎えている。

その後、中世・近世においても人の生活の痕跡を確認することができるが、あくまでも断片的である。

この調査では、長期間にわたる集落の存在を確認したことは大きな成果であったが、その他にも、見逃せない大きな発見があった。

円墳　平成九年度の調査区において、円墳を確認している。古墳は、後述する下総塚古墳の北側約五〇メートルのところに位置している。遺構を発見した段階で、すでに東側部分が土取り作業により消失してしまっていた。

遺構は、現水田の耕作土直下において確認された。横穴式石室の存在と、円形に巡る周溝の存在から円墳と判断した。埋葬施設である横穴式石室は、石室の構築材が基底部から最大三段遺存していたが、大半は基底の一段だけの遺存であった。

平面形は奥壁部で隅切りとなる。奥壁から石室入口まで八・二メートルを測り、奥壁から六・二メートルのところまでは石積みが確認されるが、それ以南は素掘りとなっている。

玄室は長さ三・六二メートル、幅一・七メートルを測り、底面には石室構築材の加工の際に排出されたと考えられる木端石を一〇センチの厚さで敷き詰めていた。

奥壁は幅一メートル、高さ五〇センチの石が残存し、側壁は幅六〇センチ～一メートル、高さ三〇～四〇センチの割り石を基底石とし、その上に三〇～六〇センチ、高さ一五～三〇センチの石を積み上げている。

玄室入口部は、長さ一・一メートル、幅五〇センチ、厚さ一二センチの扁平な石を仕切り石としている。

石室部には、長軸六・六メートル、短軸三・七五メートル、深さ四〇センチの掘形《ほりかた》が存在する。黄褐色の粘土を充填している。石材の背後には、裏込め石の存在は

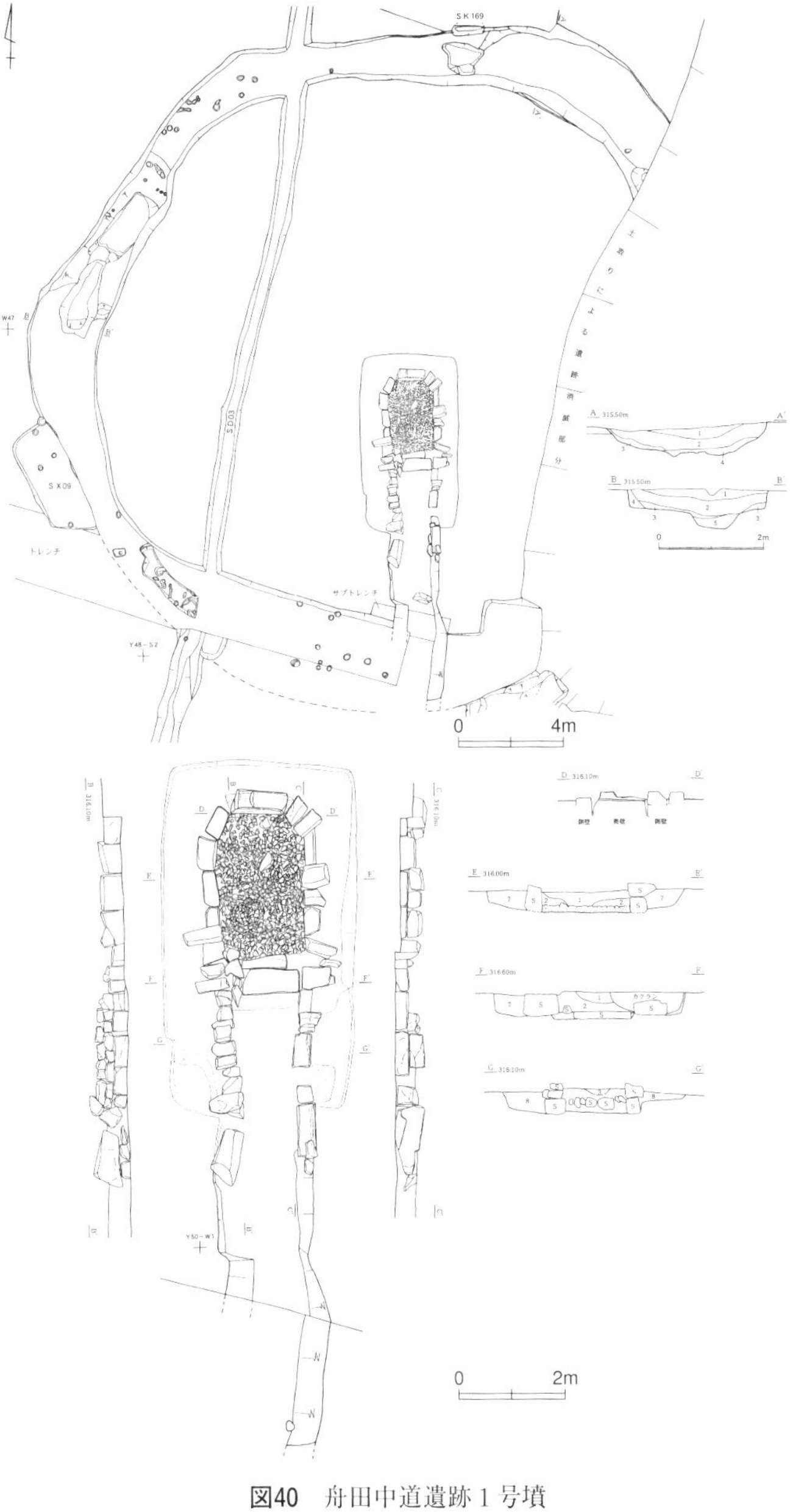

図40 舟田中道遺跡1号墳

確認できなかった。

周溝は、やや不整な部分も存在するが、幅七五センチ～一・五メートル、深さ三六～七〇センチを測り、内法での規模は径二〇メートルを測る。

遺物は、玄室からの出土は見られなかったが、羨道部および周溝より出土している。全体的に数は少なかったものの、羨道部からは土師器杯、鉄製品が出土している。土師器の特徴から、七世紀前半～中頃に位置づけられると判断された。

下総塚古墳の周囲には、他にも円墳が存在しているが、この円墳とともに古墳群を形成していたものと考えられる。そして、下総塚古墳との年代的関係が注意される重要な発見となった。

こうした、遺跡の評価とともに、いよいよ調査の最終年度である平成十（一九九八）年度を迎える。調査の対象は、遺跡の北西部にあたるおよそ一万五〇〇〇平方メートルである。

この年は、例年より雨天の日が多く、夏頃までに少しずつ調査日程が遅れをきたしていた。八月下旬には、数日間つづいた雨のため白河地方においては未曾有の水害に発展した。必然的に調査は一時中断、日々災害の対応に追われ、調査が再開したのは九月上旬になってからであった。

調査は再開されたものの、全体的な計画の遅れは否めず、予定通り十年度での調査終了することが、非常にきびしい状況であった。

調査も進んだ十二月初旬。調査区北西部において、東西に延びる一本の溝跡が確認された。この溝は、途中で北側へ方向を変えており、平面形は逆L字形を呈することが明らかとなった。どうも、その内側には細い溝が平行して存在している。掘り込みを進めていくと、南東コーナー付近と辺の中央付近が張り出した形状となることが確認できた。これが、豪族居館跡の発見であった。

図41　舟田中道遺構配置図（3次・4次調査）

居館跡の発見後、ただちに県教育委員会と調査の方向性について協議した。発見された遺構の重要性を考え、季節のよい時期に十分に時間をかけ調査をすべきとの指導・助言もあり、事業者や地区住民の了解を得て、冬場の調査は回避し、平成十一（一九九九）年度にあらためて実施することとなった。平成十一年度の調査対象地区も、ほぼ平成十年度と同じ場所である。

平成十年・十一年度の調査の成果としては、豪族居館跡発見のほか、方形区画溝といった特殊な遺構の存在と、古墳時代中期から奈良・平安時代にいたる大集落が存在していることが明らかとなったことである。

以下に、注目される調査成果について説明を加えたい。

豪族居館跡

居館跡は遺跡の北西部、この地域では段丘が最も北側に突き出た部分において確認された。

居館跡の北側および西側は、明治時代頃の開田により削平を受け、全体のおよそ1／2がすでに壊されている状態であった。

区画溝は、東側で六九・七七メートル、南側で約四八・〇三メートル、幅二・〇～三・四メートル、深さ三六センチ～一メートルを測り、とくに東側では南北両端のコーナーが確認されている。

溝のコーナー部および各辺の中央付近には、「張り出し」が認められる。張り出しの形状は、遺構の上端ではさほど鋭角ではないが、下端の形状は、鋭角に張り出した状況が見て取れた。

すでに遺構の半分がなく、規模については明らかにできないが、東辺の規模、東辺ではほぼ辺の中央付近に張り出しが存在していることなどを手がかりに推定すると、東西六四メートル、南北七〇メートルほどであったと考えられる。

区画溝の内側約三メートルのところに、平行して幅四〇センチほどの溝が存在している。遺構の特徴から、布堀の柵列跡と判断した。

溝の底面には、径二〇～四〇センチの柱穴が存在しているが、柱穴の間隔には規則性は見られない。柱穴と柱穴の間は、底面に微妙な凹凸がみられることから、軸となる柱を深く埋め込み、軸柱と軸柱の間には同様の材をはめこんだ構造をしていたものと考えられる。

入口については、南側および東側とも、張り出し付近の柵列が、中世の溝跡との重複により明確ではないが、南側の張り出し部に三基、東側の張

図42　居館跡　　（アミの部分は同時期の遺構）

り出し部に二基の柱穴が溝の外縁に確認されており、これらが内部への進入にかかわる遺構の一部である可能性が考えられる。

柵列の内部には、竪穴住居跡、掘立柱建物跡、柱列、土坑等の遺構が確認されている。このうち出土した土器の特徴や位置関係などから、竪穴住居跡六棟と柱列が居館跡を構成した遺構ととらえられた。

竪穴住居跡は、ある程度の間隔を保って存在している。それぞれに用途を特定できる状況にはないが、規

図43　３次・４次調査区全景

図44　居館跡内住居跡出土遺物（95号住居跡）

模的には大差ない値を示していることから、中心となる施設はすでに失われた部分に存在していたものと推定された。柱列は、居館内部でも北側にあたる部分で確認されている。内部を仕切るための遺構と考えられるが、遺構の確認された北側および西側が削平を受けているため、全容はわからない。

　年代については、区画溝の堆積土中に榛名山二ッ岳伊香保テフラ（FP）が上層から下層まで認められることから、少なくとも区画溝が掘り込まれたのは、FP降下以後のことと判断される。区画溝の底面近くで出土した土師器は、東北地方における古墳時代後期の土器である栗囲式の古い段階に位置づけられ、上層から出土した土師器は栗囲式の中段階にあてはめられることから、居館跡の年代は六世紀後半から七世紀前半を中心とする時期と考えられる。

方形区画溝

　居館跡の南東側に、内法で東西三五メートル、南北三〇メートル、幅五〜八メートル、深さ四〇センチ〜一・五メートル（最深部である南側では二・一メートル）を測る方形区画溝が存在する。

　溝の東側については、調査終了後ほ場整備の工事が進められた関係で、崖面となっていたが、遺構の全体像を確認する前に、長雨により一部崩落してしまった。そのため、東側については遺構の検出だけで、掘り込みは行っていない。

　平面的には、東西方向に長い長方形を呈している。南側、北側、西側には、溝が途切れ土橋になっている部分がある。溝の平面形を見ると、外側が乱れた状態となっているのに対し、内側は直線的で鋭角的に掘り込まれているのが特徴的である。

　遺構の年代については、溝跡から出土した遺物が七世紀から八世紀のものまで存在しており、限

図45　方形区画溝跡

定できる状況にはない。しかし、上層から出土する遺物には八世紀代のものが含まれること、溝が埋没した後に八世紀後半の住居跡が掘り込まれていることから、八世紀後半以前の時期であることには間違いのないところである。

性格についても、積極的に特定できる状況にはないが、重複する八世紀後半の住居跡が、溝跡より内側に構築されないことをみれば、少なくとも住居跡を構築する段階には、たとえば区画溝の内側が高台となっているなどの物理的な規制や、内側に入ることを規制するなんらかの要因があったものと考えられる。

区画溝内に遺構が確認されないこと、居館跡の位置関係等を考慮すると、居館跡と同時に機能した「祭祀場」的な位置づけを考えたくなるところであるが、それを裏づける資料はなく、あくまでも一つの可能性でしかない。

結局のところ、遺構の時期・性格については特定できていない。

（二）居館跡発見の意義

平成八年度より開始した調査は、事業の計画上現状での保存が無理と判断された三万五〇〇〇平方メートルを対象に記録保存を目的としたものであった。

調査は、遺跡の西側より開始し、調査終了地点から順次工事に着手するといった方法で行われたが、調査の最終年度にあたる平成十年に、豪族居館跡の発見という大きなできごとがあった。

居館跡については、張り出しをともなう七〇メートルほどの溝で区画されたもので、六世紀後半から七世紀前半頃にかけて機能したことが調査において確認された。居館跡に近接して、六世紀後半頃と考えられる下総塚古墳が存在しているが、古墳と居館跡とは時期的に前後関係にあると判断された。

さらに、もう一歩外に目を向けると、周囲には七世紀末頃に成立したと考えられる古代白河郡衙に比定される関和久官衙遺跡、白河郡の寺院と考えられる借宿廃寺跡、七世紀後半頃に位置づけられ、畿内に共通する特徴の横口式石槨をともなう谷地久保古墳が点在している。

遺跡の年代や性格を考えると、それぞれの遺跡が有機的なつながりをもつものと想定され、年代的に大化改新を前後する時期の、地方豪族の動向を遺跡として確認することのできる、全国でも稀有な事例と位置づけられた。

居館跡の発見は、それまで点としての存在であった遺跡群を、線として結びつけたことと、この地が古代における地方豪族の拠点形成を探る上で、他にない重要な地域であることを明らかにした点に大きな意義がある。

（三）　遺跡保存へ向けた活動

遺跡の性格と、周囲に存在する遺跡群との関係が取り上げられるなかで、一九九九（平成十一）年六月六日に現地説明会を開催した。

当日は、三百名にのぼる見学者が訪れ、遺跡に対する注目度の高いことをうかがわせた。説明会後も日々見学者が訪れ、最終的には七百名ほどを数えるにいたった。当地方における発掘調査では、見学者の多い事例であった。

一方、説明会後、遺跡の重要性をもとに、遺跡の保存について要望する声が寄せられるようになった。しかし、居館跡の遺存状態は決してよいものではなく、またほ場整備の水田区画造成工事も大詰めを迎えていたことから、遺跡の保存に対しては、かならずしもよい条件とはいえなかった。

何とか残す手立てはないか。本当に、記録保存でよいのか。担当側としても、非常に判断に苦しんだ。そして、この取り扱いについて市・県教育委員会両者で協議をもち、最終的には文化庁の指導を仰ぐこととなった。

文化庁による指導の結果、舟田中道遺跡単体で見た場合、遺跡の遺存状況はかならずしもよいものではなく、居館跡の存在をもって国史跡にすることはむずかしいと判断された。しかし、周囲に存在する古墳、郡衙、寺院といった遺跡群とのつながりを考えたとき、舟田中道遺跡の居館跡の存在は、非常に重要であるとの高い評価を得て、周囲に存在する遺跡群とセットで、国史跡とすることは可能であろうとの見解が示された。

これを受け、市内部でも最終的な遺跡の取り扱いについて協議し、八月に当初の予定を変更し現状での保存を図る方針を確認するにいたった。

この方針について、事業主体者である福島県南農林事務所（当時は農地事務所）、市土地改良区との協議を経て、地元地権者へ説明を行った。

しかし、数十年来の悲願であったほ場整備事業も、造成工事が最終年度を迎えたこと、保存がもたらす換地上の問題を考えたとき、遺跡を現状のまま保存することはむずかしいとの判断がなされ、地元の意見は工事を計画通り遂行してほしいというものであった。遺跡の現状での保存には、同意できないとの判断である。

その後も、いく度となく遺跡の保存問題について、ほ場整備推進委員会役員との協議、あるいは行政間の協議を重ねたが、なかなか保存についての両者の距離は近づかなかった。

地元としては、あくまでも保存するか否かの判断は、地権者全員の考えで決定されるものであるとし、最終的には地権者の意思を、投票で決定することとなってしまった。市側では、再三話し合いでの解決をのぞんだが、地元の意向を止める手立てがなかった。

投票の結果は、地権者の六割が現状のままでの事業遂行を支持、三割が遺跡保存に賛成、残り一割が白票であった。これで、地権者の意思は表明されたわけであるが、この結果を厳粛に受け止めつつも、遺構を失っては元に戻すことはできない。

市内部でも、再三にわたり行政としての今後の方針について協議を重ね、遺跡の重要性について地権者へ十分説明を行って、何とか保存への協力を願うべく、戸別訪問により再度説明を行い、遺跡の重要性と保存への協力をお願いすることとした。

歳も押し迫った十二月、四名の職員（二名一組）で、夜七時から二時間程度を目安に、およそ二週間毎夜戸別訪問を行った。訪問にあたっては、遺跡のパンフレットを作成し、遺跡の重要性、保存後の将来像などについて説明を行った。

戸別訪問の結果は、地域全体のことを考えれば事業の早期完了をのぞむものの、個人的には遺跡保存についてかならずしも反対するものではないという、地域住民の複雑な心境を示すものであった。

この結果を踏まえ、地元役員会の開催を依頼し、戸別訪問の結果報告とともに、あらためて遺跡保存について地元の協力をお願いした。

そして、県文化財側の同席を願い、市長・教育長をはじめとした市側の説明会、文化庁の坂井秀弥調査官による役員および地元地権者に対する説明会を経て、最終的には二〇〇〇（平成十二）年七月十七日、地権者総会の席上、地域住民の理解と協力、市土地改良区の理解のもと、当初計画を変更し、遺跡の現状保存に対して、賛成を得たわけである。

遺跡の現状保存の意思を表明してから、保存決定までおよそ一年の歳月が流れた。保存決定に際しては、数多くの方々の協力と支援、そして理解と犠牲があって成し得たことはいうまでもない。

この問題を進めるなかで、最も学んだことは、われわれのように文化財行政に身を置くものが、常日頃どこに視点を置いた活動をするべきかということである。言葉としては、「地元の皆さん（市民）の理解と協力を……」と、よく口にはするが、はたして本当に理解を得るための行動をしてきたか。いく度となく自問自答した。

文化財の保護は、地域住民の愛着がなければ成立しないものである。多くの反省のもと、出前講座等を通じて、小・中学生から大人まで発掘調査でわかった事柄を伝える努力を重ねている。

今後は、遺跡の保存に対して寄せられた多くの人びとの心意気に答えるため、文化財が地域に根ざし、多くの人びとに愛される存在となるためにも、遺跡の保存・活用のあり方について、地域の人びとととともに考えていきたいと思う。

2　下総塚古墳《しもふさづか》

下総塚古墳は、舟田地内の阿武隈川右岸に形成された標高三一五㍍ほどの河岸段丘上に立地する古墳で、舟田中道遺跡の範囲に包括されている。

一九九四（平成六）年に、古墳の所在する舟田地区を対象とするほ場整備事業が採択された。当初より、この古墳が市内に現存する希少な前方後円墳であることから、古墳の周辺部を含めた五、六〇〇〇平方㍍を非農用地として保存を図った。

一九九八（平成十）年、舟田中道遺跡での豪族居館の発見があった。調査の結果、居館跡の年代と下総塚古墳の年代が近接することが明らかとなると同時に、周囲に存在する関和久官衙遺跡、借宿廃寺跡、谷地久保古墳との年代的な結びつきから、地方豪族の動向を遺跡として確認できる全国的にも稀有な事例であることが想定されるにいたった。

そして、舟田中道遺跡、下総塚古墳、谷地久保古墳、借宿廃寺跡を国史跡として保存する方針が打ち出され、舟田中道遺跡を除いた三遺跡について、内容確認のための調査を計画的に実施することとなった。

以下、最初の調査となった下総塚古墳にかかわる過去の文献記録と、調査の記録についてたどるとともに、三カ年に及ぶ調査の成果を紹介したい。

（一）江戸時代の認識

この古墳は、すでに江戸時代に「下総塚」の名が付されていた古墳で、藩主松平定信のときに編纂された『白河風土記』「船田村」の条には、

「下総塚。　村ノ東六丁三十七間ニ在リ東西廿間南北五間計リ両端ハ高フシテ二間計リモアルベシ中程稍々低シ其低キ所ノ下ニ當リ濶サ六尺四方奥行二間三尺ノ穴アリ大石ニテ内ヲ甃ミ其上ヘ土ヲ覆ヒタルアリサマ恐ラクハ古墳ノ発掘ニ逢ヒタルナルベシ又其側ニ高サ五尺計リノ古墓碑アリ苔ムシタル様下ニ文字ト覚シク

　凹凸ヲナセシモノアレドモ読ムベクモアラズ唯額ニ梵字ヲ題セシノミ存ス其下総塚ト名付ケタルハ何ノ故ニヤ傍ノ田所ニ廐ノ内ナド云フ所モアリ土人ハ一ニハ下岡塚蝦夷穴ナド唱フレドモ他ノ蝦夷穴トハ大ニ類セズ」

と記されている。

　これによると、計測箇所は明らかではないものの、墳丘の規模が東西二〇間（およそ三九メートル）、南北五間（およそ九・八メートル）、高さ二間（およそ三・六メートル）とされ、すでに石室は開口していたことが確認できる。おそらく、古墳の東西規模については、近年の調査で墳丘二段目と呼称した部分を計測したものと推察される。また、梵字の刻まれた墓碑（板碑）の存在も示されている。

　古墳の名称については、この段階ですでに「下総塚」とよばれていたようであるが、なぜ「下総塚」と名づけられたのかはわからなかったようである。また、地元において下岡塚蝦夷穴と呼称されていたようであるが、蝦夷穴とは違うものであるとしている。

　このように、江戸期の文献に名称を含めた古墳の状況が記されている事例は希少であり、きわめて

貴重な情報を提供している。

（二）　昭和の調査

この古墳について、調査の手が加わったのは一九三二（昭和七）年である。

連日の長雨により、石室入口が開口したことを受け、岩越二郎らにより石室の調査が実施された。調査は、おもに玄室部分を対象としたようで、石室内に堆積した土砂の取り除きと測量が行われた。

調査にあたり、古墳が盗掘を受けていること、羨道部や蓋石が壊されてもち出されていたなど、事前に古墳に対する情報はいくつかあったようであるが、盗掘については、おそらく『白河風土記』の記載から推定したものであろう。

調査開始にあたっては、「古墳は其の筋の許可を得ないと発掘できませんが、此はすでに昔開口せられたものが埋もれたのであるから、土をかい出しても古墳を摘く非礼にもなるまいと存じまして作業をはじめました」とし、あわせて地権者をはじめ耕作者、役場の同意を得て行っているなど、古墳調査にあたっての岩越の用意周到さを垣間見ることができる。

調査の記録として、石室の測量図が残されている。これをみると、土砂の堆積が多くはない奥壁から手前一五尺（約四・五メートル）までが調査範囲となっており、玄門までは掘り込まれていない。側壁は三段積まれ、持ち送りの積み方となっている。奥壁は一枚岩で、高さ二一〇センチほどを測り、天井石は奥壁側より二枚残存している。床面は、奥壁側の幅二〇九センチ、玄門側での幅一八五センチとなっている。

遺物については、盾形と考えられる埴輪が石室内より出土している。

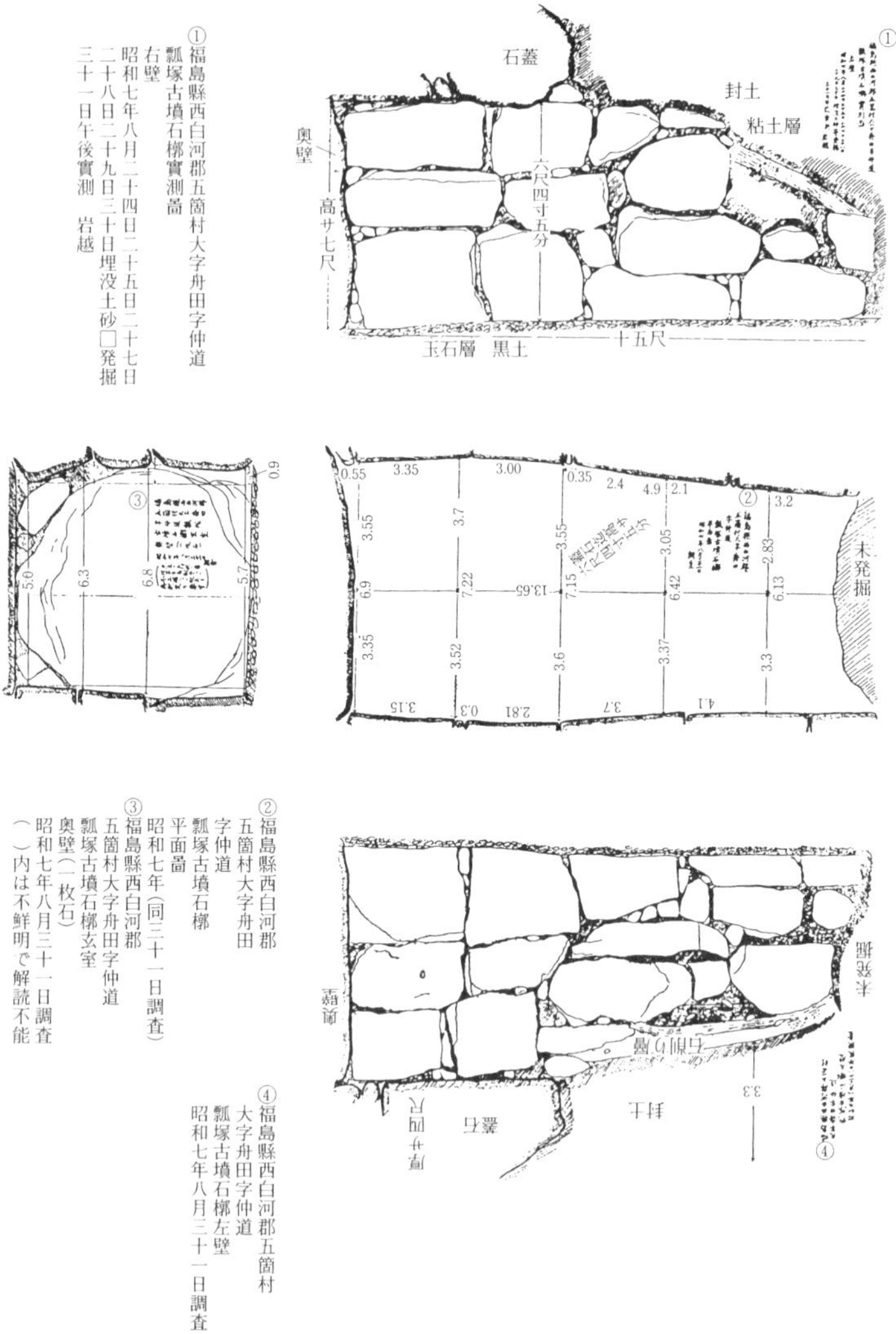

①福島縣西白河郡五箇村大字舟田字仲道
瓢塚古墳石槨實測啚
右壁
昭和七年八月二十四日二十五日二十七日
二十八日二十九日三十日埋没土砂□発掘
三十一日午後實測　岩越

②福島縣西白河郡
五箇村大字舟田
字仲道
瓢塚古墳石槨
平面啚
昭和七年(同三十一日調査)
③福島縣西白河郡
五箇村大字舟田字仲道
瓢塚古墳石槨玄室
奥壁(一枚石)
昭和七年八月三十一日調査
(　)内は不鮮明で解読不能

④福島縣西白河郡五箇村
大字舟田字仲道
瓢塚古墳石槨左壁
昭和七年八月三十一日調査

図46　下総塚古墳石室実測図（昭和7年測量）

図47　昭和７年作業風景

図49　石室入口（平成14年）

図48　石室入口（昭和７年）

図50　昭和７年出土埴輪

この調査の記録は、『岩磐史談』に掲載されている（埴輪は掲載されていない）が、以後この古墳が横穴式石室をともなう前方後円墳であり、埴輪をともなうことが認識されるようになった。

（三）　平成の調査までの評価

岩越による調査以後、一九九六（平成八）年の試掘調査まで、古墳に調査の手が入ることはなく、また史跡等の指定を受けることもなく、墳丘部分が畑として、墳丘の周囲は水田として使用されつづけてきた。そして、聞き取りによれば昭和三十～四十年代頃に果樹を植える苗床に使う土の確保のため、墳丘頂部が削平を受けるなどの行為がなされ、いつしか石室の位置もわからない状況になった。

古墳に対する評価は、岩越の報告以後しばらくの間取り上げられることもなかった。一九六三（昭和三十八）年、梅宮茂が第一五回日本考古学協会総会研究発表彙報「福島県発見の埴輪について」のなかで、下総塚古墳が埴輪をともなう前方後円墳であることを示している。

このなかで、梅宮は『集古十種』所収の舟田村

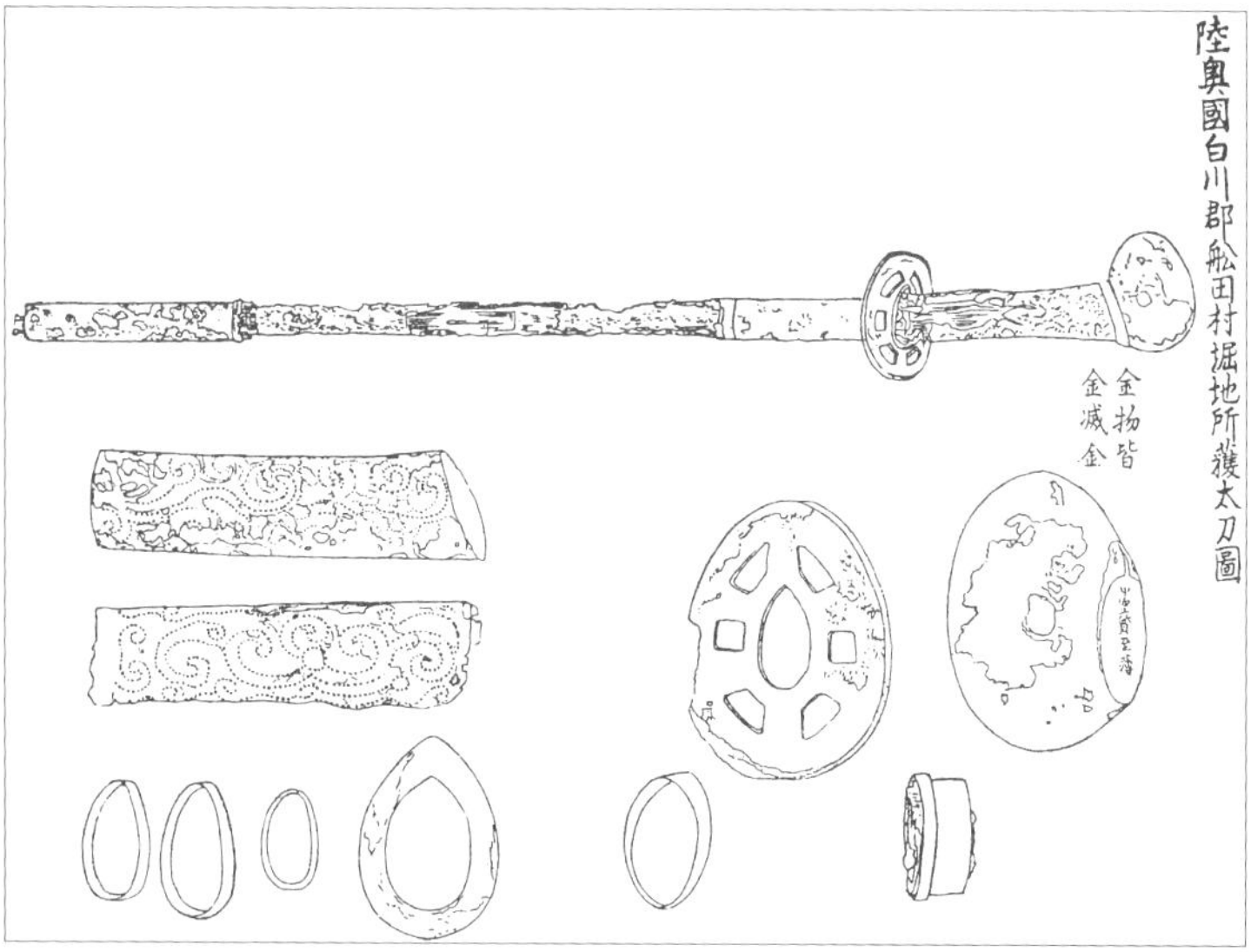

図51　『集古十種』掲載の伝船田村出土太刀

出土の頭椎大刀《かぶつちのたち》が、下総塚古墳出土と明示している。これについては、岩越は下総塚古墳出土である確証はないと記している。

昭和四十〜五十年代は、近隣地域での遺跡の発掘調査が行われた際、周辺遺跡の紹介のなかで、下総塚古墳群等の名称で、表中に取り上げられているにすぎない。

一九八六（昭和六十一）年、福島の古墳と横穴について、研究の現状と問題点と題した論考を発表した穴沢咊光、馬目順一は、下総塚古墳について触れ、『集古十種』所収の頭椎大刀が本古墳より出土としたならば、古墳の年代は七世紀初頭まで下るとの可能性を指摘し、石室の構造や埴輪の形式が、頭椎大刀の年代と合致するか否かの検証が必要であることを説いている。また、古墳の被葬者については「白河国造が実在したならば、下総塚古墳がその第一候補に上げられる」と重要な

図52　調査前全景（平成５年）

指摘をしている。

　この段階では、あくまでも岩越の示した石室の図や埴輪の存在から、白河地域における重要な古墳との認識はもたれていたものの、古墳の規模・形状、年代等について、具体的な提示はなされていない。

　昭和六十年代～平成の初め頃に、本県の古墳研究を進めていた福島雅儀は、福島県内の横穴式石室の検討を加えるなかで、この古墳がおおむね六世紀後半頃であるとの年代観を初めて示している。

　以後、下総塚古墳については、横穴式石室をともない、埴輪を樹立する六世紀後半頃の前方後円墳との位置づけが一般的な解釈として定着し、県南地方を代表する後期古墳として、認識されるようになる。

　一九八七（昭和六十二）年より編纂が始まった『白河市史』、その考古・古代担当となった鈴木啓は、事前調査の過程において、古墳は前方後円墳であるものの、栃木県などにおいて確認されている基壇をもつ前方後円墳と類似していることを指摘し、検証の必要性を説いた。

このように、白河地域の重要な古墳との認識がもたれていたものの、情報が限られたこともあり、結論的にはよくわからない点が多いとして、調査を切望されてきた古墳であった。

（四）　ほ場整備にかかる調査

ほ場整備に際し、保存を図ったことは先に述べたが、そのときはあくまでも図上での想定範囲を保存区域としたことから、古墳の正確な範囲については明らかではなかった。そのため確認調査を行い古墳の範囲を明らかにすることとなった。

一九九六（平成八）年に、ほ場整備事業にともない範囲の確認調査を実施した。この調査は、保存される古墳の範囲が、間違いないか否かを確認することがおもな目的であったことから、現状で認識される墳丘部の周囲に、一一本のトレンチを設定して行った。

調査の結果、墳丘の周囲には周溝が巡ること、予想以上に墳丘の縁辺が削平されていることが明らかとなった。東と西に設定したトレンチでの周溝の確認状況から、墳丘の規模は六二メートルを測ると判断された。また、比較的多くの埴輪の出土があり、円筒埴輪や形象埴輪が存在することも確認できた。

この結果から、当初古墳の保存範囲として設定した範囲では、四方とも周溝の外側がはみ出してしまうことから、新たに保存範囲の拡大について要望を出した。しかし、ほ場整備の土地利用の問題などから、多少の拡大は了承されたものの、周溝全体を包括する形での範囲の拡大については、受け入れられなかった。

ほ場整備計画との照合から、西側を除いた三方の保存範囲からはみ出す周溝の外側について、調

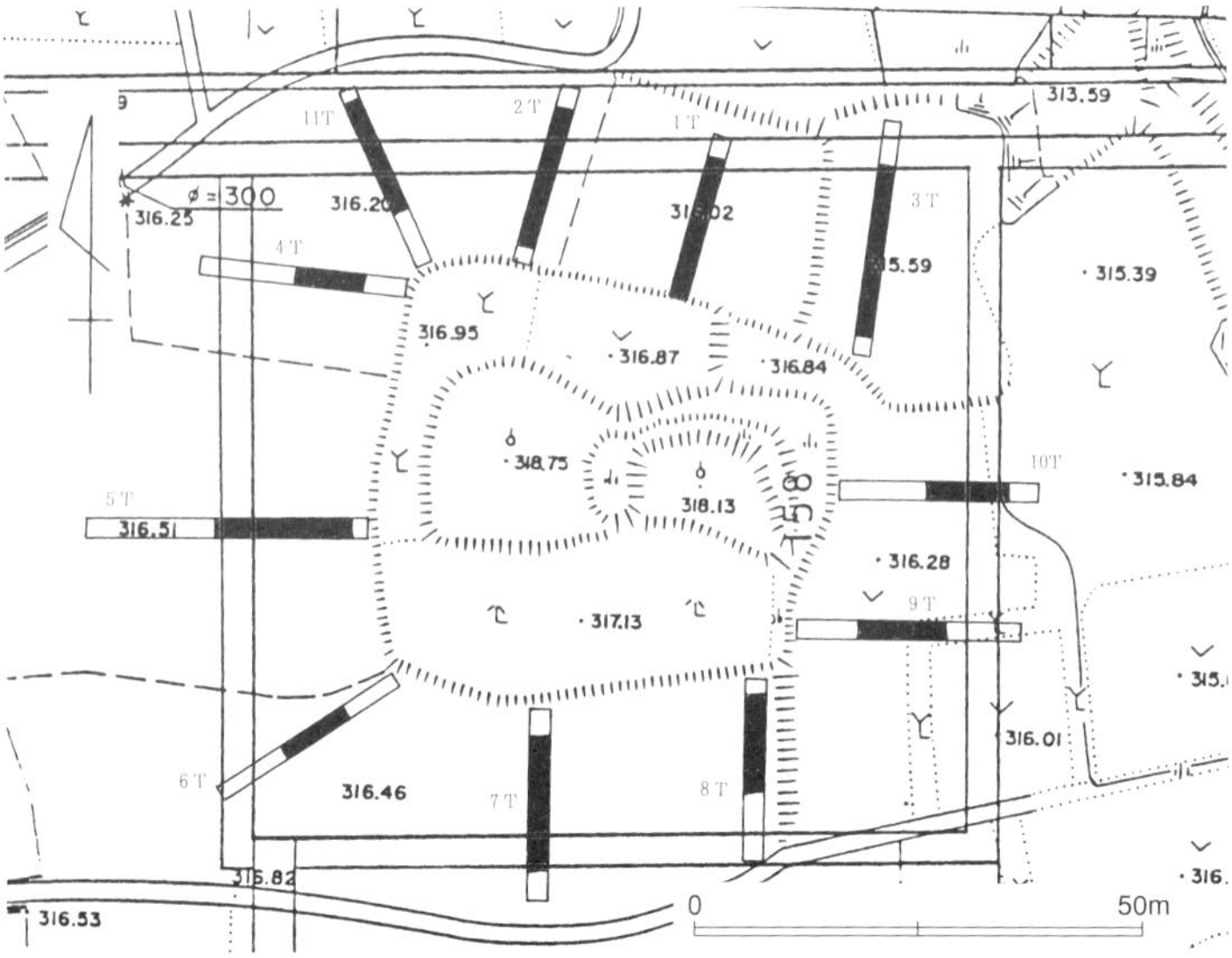

図53　試掘トレンチ配置図

査を実施した。周溝の調査からは、北側および南側においてブリッジが存在することが確認できた。

　最終的に、保存用地とした範囲は五九八六平方メートルであるが、北側を除く三方については、若干上部が水路の影響を受けているものの、遺構の形状は現在の水田下に残存している。

（五）史跡指定を目指した調査

　平成十二（二〇〇〇）年度から、三カ年計画で国指定史跡に向けた内容確認のための調査を実施した。

　三カ年に及んだ調査の結果、それまでの断片的な調査から得られた結果を、大幅に訂正する内容を明らかにしている。

墳丘の規模・形状

　平成八年の確認調査では、古墳の墳長は六二メートルであると位

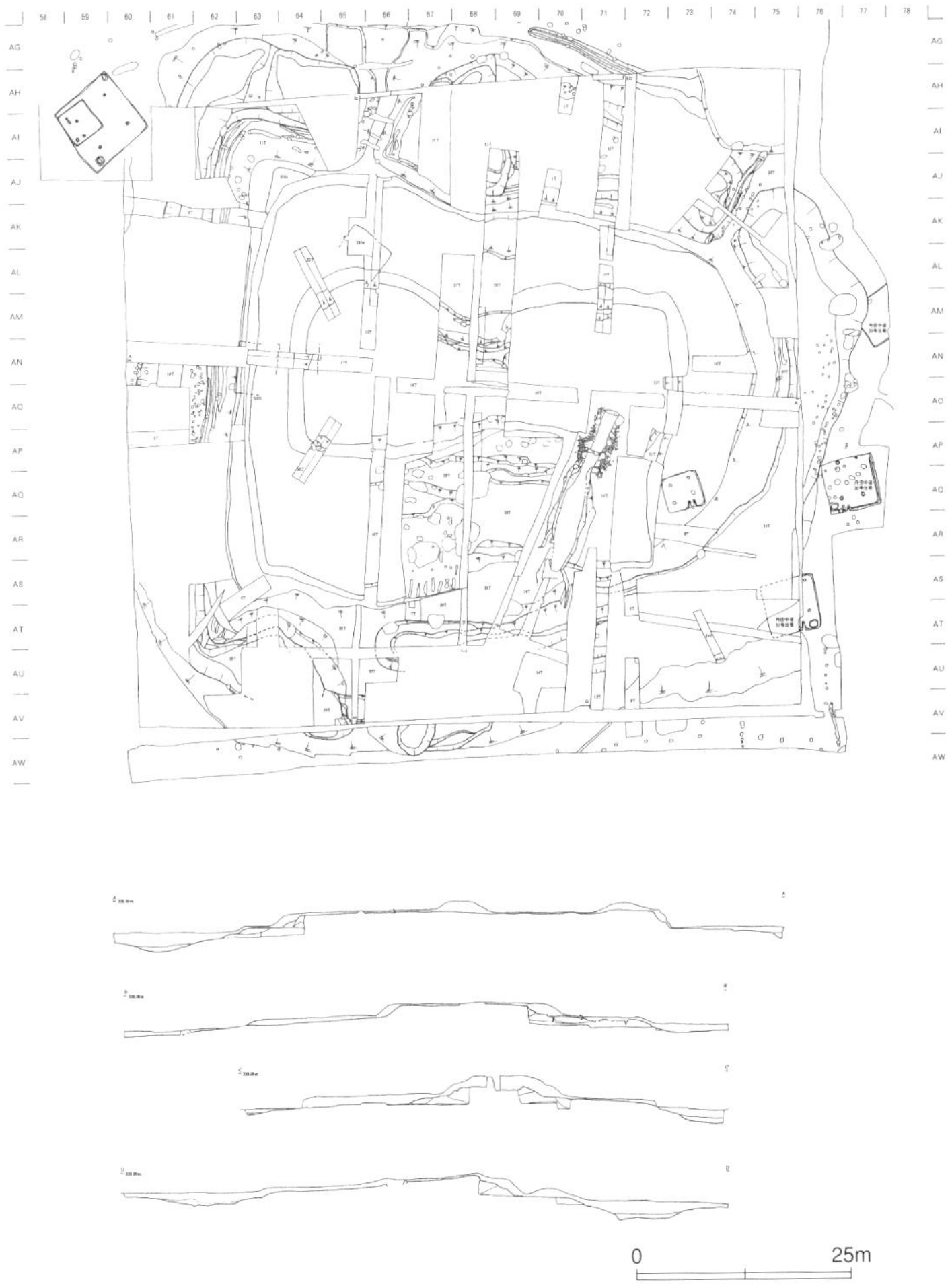

図54　下総塚古墳全体図

置づけられていたが、実際に掘り込みを行った結果、墳長は七一・八メートルを測ることが明らかとなった。この規模は、現在東北地方において確認されている後期古墳のなかでは、最大規模を誇るものである。

　墳丘の形態は二段築成である。一段目は、南側に張り出しをもつ前方後円形を呈し、二段目との間に幅広の平坦面を有している。この状況は、栃木県思川・黒川流域、群馬県前橋市周辺などの北関東地方の後期古墳で確認されている基壇を有する古墳と共通した特徴であると判断される。

　墳長七一・八メートル、後円部径四五・四メートル、前方部最大幅六三・三メートル、くびれ部幅五一・二メートル（張り出し部含む）を測る。

　二段目については、後世に削平を受けているため、本来の墳丘の高さやとくに前方部の規模に不明な点がある。墳丘の構築方法については、縁辺に幅六メートル、高さ〇・五～一メートルほどの土手状の高まりをつくった後、墳丘の盛土を施していることが確認できた。墳長四四・二～四七・九メートル、後円部径二五～二六・五メートル、前方部幅二七・一メートル、くびれ部幅一二～一三メートルを測る。

　なお、二段目での截ち割りの結果をみると、二段目の墳丘構築後、一段目の整地がなされたようである。

　こうした、基壇を有する古墳については、現段階では東北地方での確認はなく、北関東地方との関連性が指摘できるものである。しかし、栃木県の例は前方部に埋蔵施設を構築する特徴をもつものの、本古墳は後円部に埋葬施設がある点で異なっており、今後さらなる検証が必要となる。

周溝

　墳丘の周囲に、周溝が巡っていることとは、確認調査の段階で明らかとなっていたが、今回の調査により、新たな知見が

図55　下総塚古墳全景

図56　石室全景

図57　周溝北東部

もたらされた。断面観察の結果や遺物の出土状況から、周溝の上部については、十三世紀頃に削平を受けていることが確認された。溝幅は、三・七（前方部南西部）～八・七（後円部南東部）メートルを測る。ブリッジについては、当初二カ所の確認であったが、北西部・くびれ部・南西部・北東部の四カ所において確認された。南西部のブリッジは、南側の張り出し部に繋がることから、墓道の位置づけが可能である。

なお、周溝外側まで含めた規模を測定すると、古墳の総長八二・二メートル、後円部径六二メートル、前方部幅七三・五メートルとなる。深さは、遺構検出面からの値で、七〇センチ～二・〇メートルほどである。

石室

後円部に構築されており、南に向いて開口している。横穴式石室で、奥壁から石室入口まで七・一メートル、奥壁部分の幅一・九四メートル、入口部分の幅一・一四メートル、奥壁高二・一メートル、側壁の残存する高さは一・五メートルを測る。主軸方位は真北に対して二六度東へ偏っている。

奥壁側に若干膨らみをもち、奥壁側から入口に向かうにつれて幅が狭くなる羽子板状の平面形を呈している。石材の背面には、裏込めとして用いられた五〜一〇センチ大の川原石が存在している。

入口から奥壁側二メートルの位置までは、二〇〜二五センチほどの川原石が両側壁の間に詰まった状態で確認されている。上方の石は盗掘などによりすでに取り除かれてしまっているが、石室の閉塞に使用されたものであろう。

奥壁は、高さ二・一メートル、幅二・一メートルの一枚の板石を用いている。表面には粗い工具痕が残る。側壁は、長さ八〇センチ〜一・三メートル×高さ四〇〜九〇センチの石材を奥壁寄り二列は三段、これより玄門側は四〜五段程度積み上げている。基部から天井までは持ち送りが顕著で、断面形は台形を呈する。石材の表面には奥壁と同様粗い工具痕が残る。なお、石材はいずれも安山岩質溶結凝灰岩（白河石）である。

前庭部　平面形は、石室入口部分から墳丘外側に向かって「ハ」の字状に開いている。底面は、石室側からなだらかに傾斜し、石室底面との比高差は一・三メートルを測る。石室入口付近から南側には、閉塞に使用されたと考えられる川原石があたかも掻き出された状態で確認されている。

埴　輪　出土した埴輪は、円筒埴輪が大半を占めるが、盾形・翳形《さしばがた》・家型、人物・大刀などが出土している。しかし、墳丘の多くが後世に削平されていることもあり、樹立状況を確認することはできなかった。

大半が破片資料ではあるものの、種類は豊富であり東北地方での該期の資料が少なく、また最終

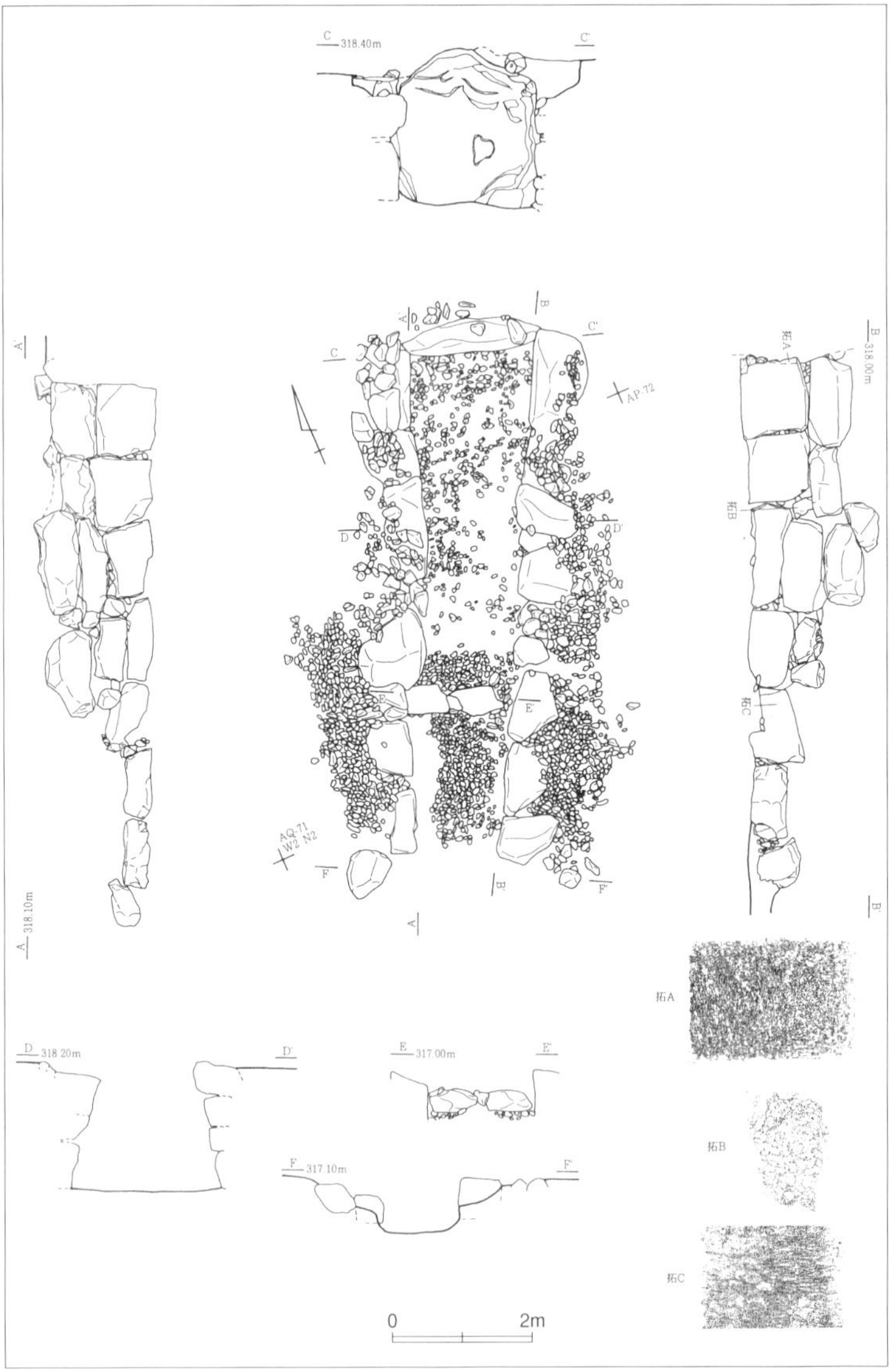
C 318.40m
C'
B
C'
A'
C
AP-72
D
D'
E
E'
AQ-71
W2 N2
F
B'
F'
A
A'
A 318.10m
B 318.00m
拓A
拓B
拓C
B'
D 318.20m
D'
E 317.00m
E'
F 317.10m
F'
拓A
拓B
拓C
0
2m

図58　石室実測図

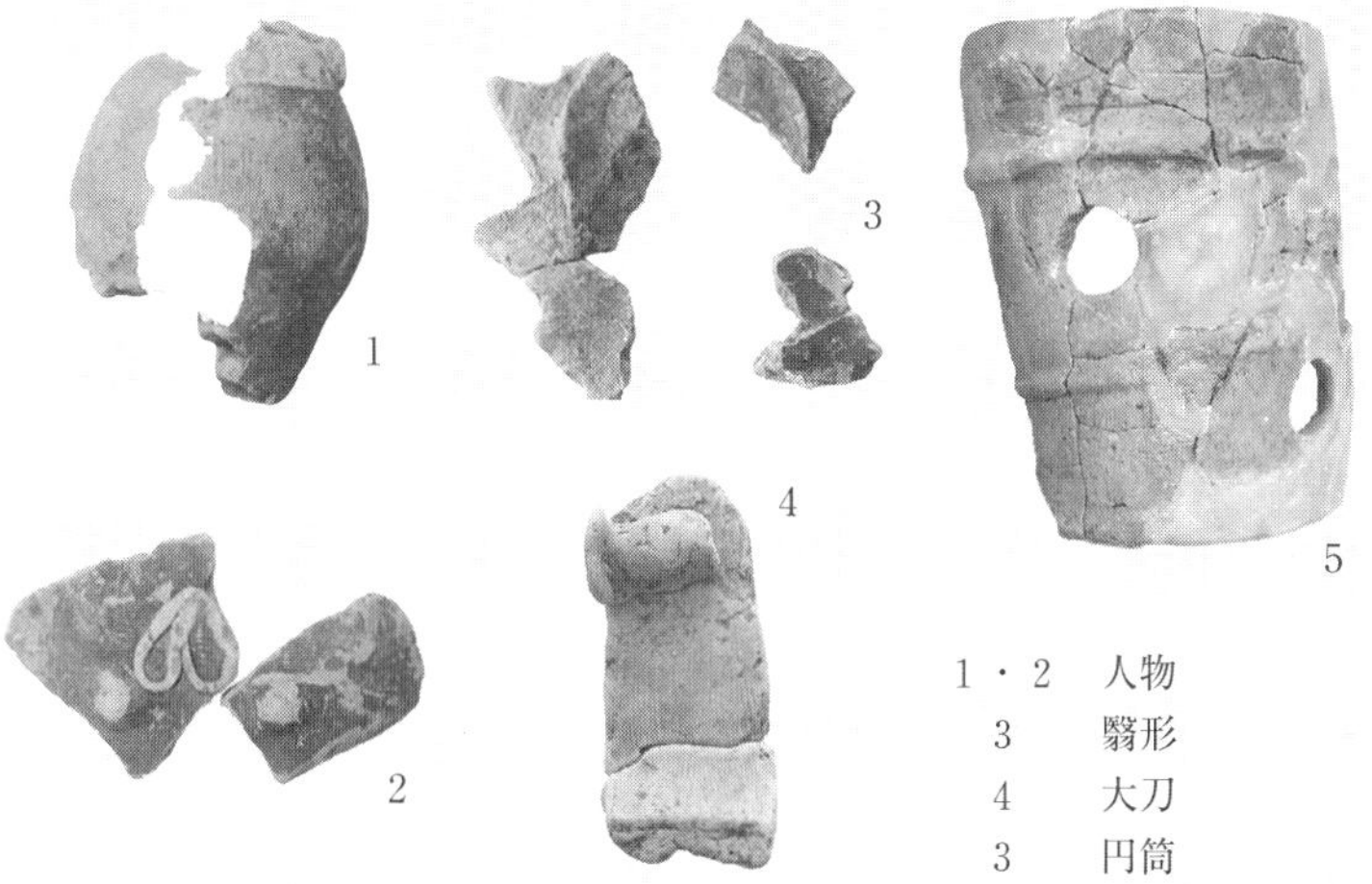

1・2　人物
3　翳形
4　大刀
3　円筒

図59　出土埴輪

段階と考えられる埴輪群であることから、その内容は今後の埴輪研究にとって、重要な資料を提供したといえる。

竪穴住居跡　前方部下で三軒（二号～四号住居跡）、後円部下において一軒の竪穴住居跡を確認している。このうち、一号・四号住居跡について掘り込みを行っている。

一号住居跡は、石室の東側の墳丘下において確認している。全体形が確認でき、一辺四・五《メートル》ほどの方形を呈している。堆積土の観察から、古墳構築にともない人為的に埋め戻されたと考えられる。

遺物は、土師器杯・甕が出土しており、その特徴から六世紀後半頃に位置づけられる。

四号住居跡は、前方部北側の墳丘下で確認しているが、全体形は明らかではない。住居跡の北東部を調査し、六世紀後半頃に位置づけられる。堆

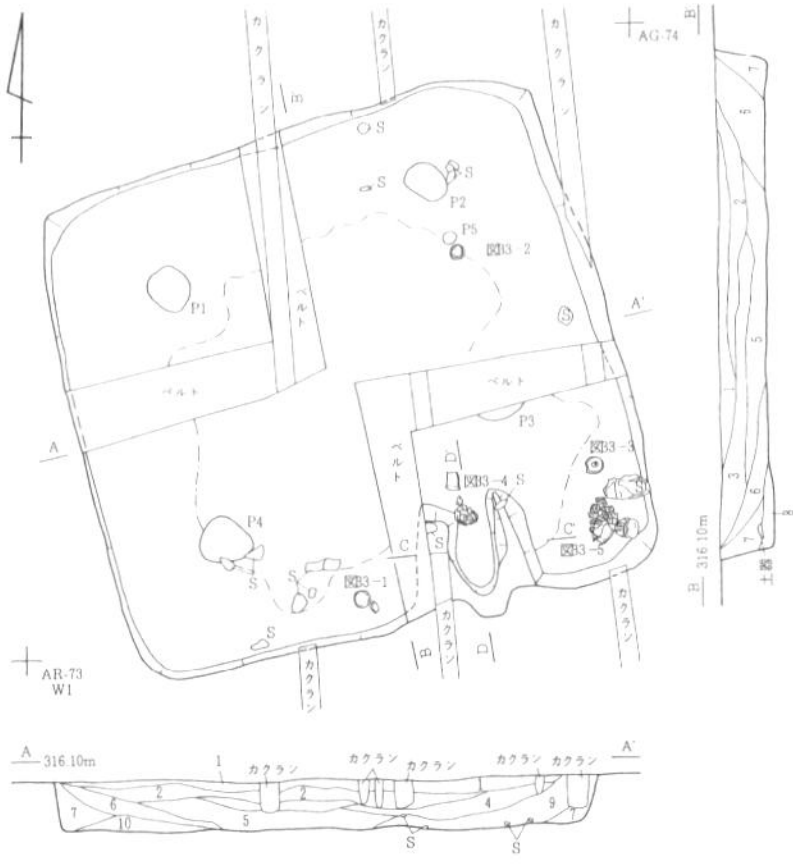

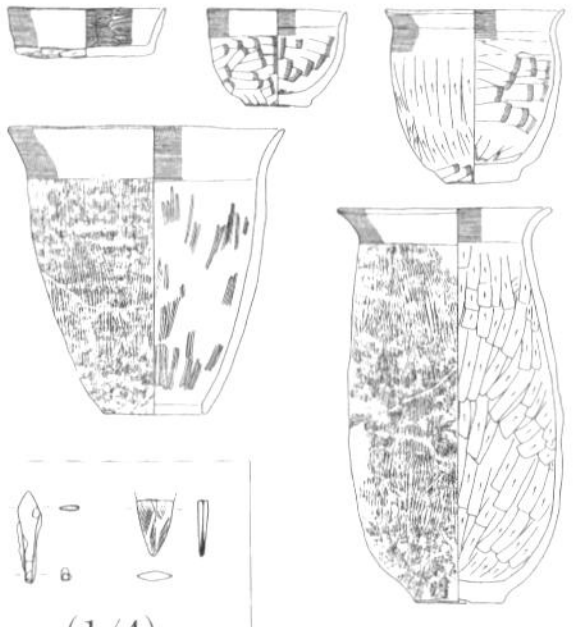

(1/4)

(1/6)

1号住居跡

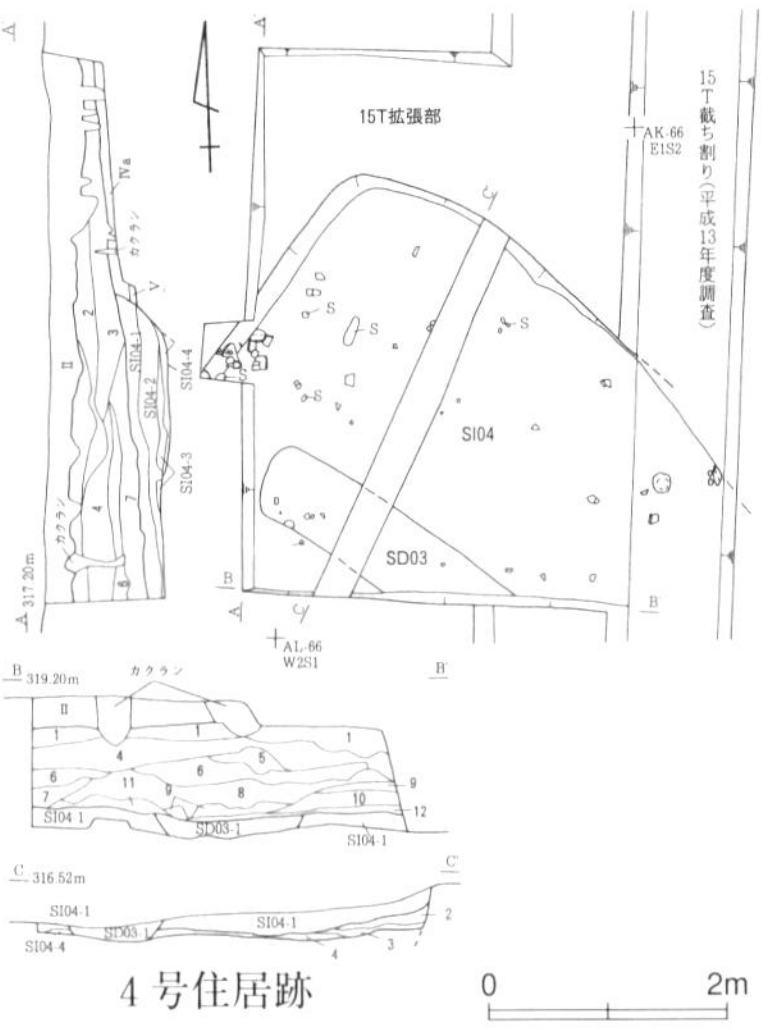

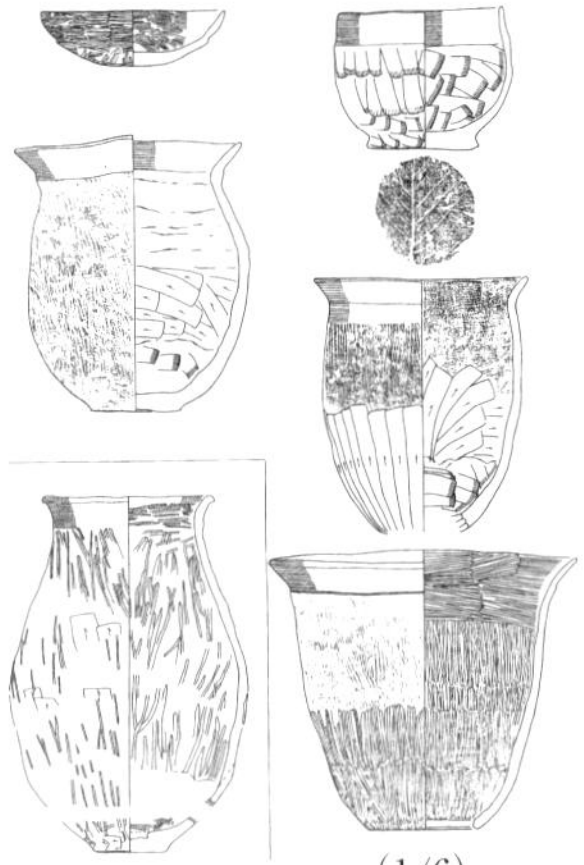

(1/4)

(1/6)

4号住居跡

図60 住居跡と出土遺物

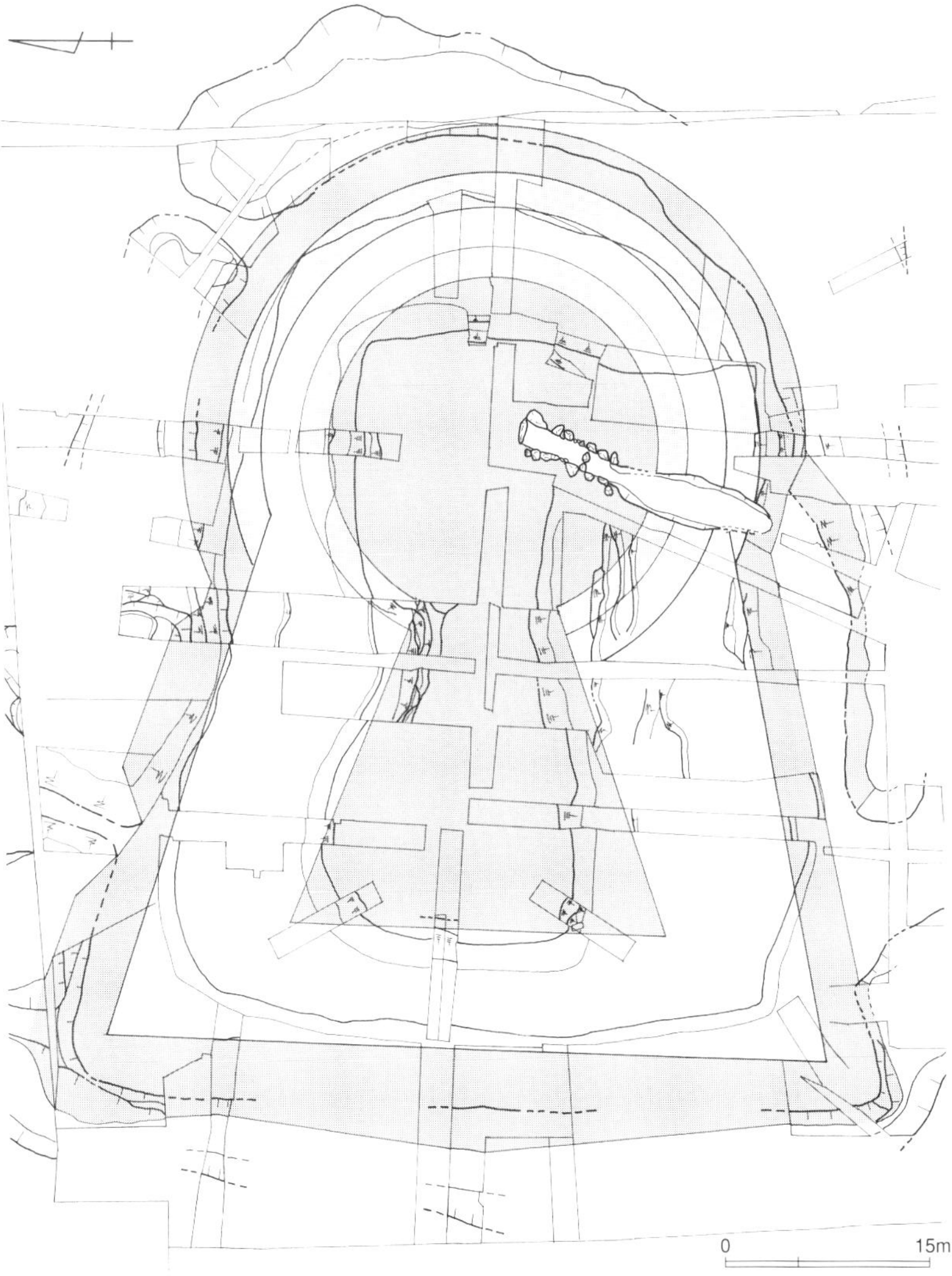

図61　下総塚古墳復元図

積土の観察から、住居跡の廃絶と古墳構築までには時間差があると判断され、一号住居跡より先行する住居跡と位置づけられる。

（六）古墳の年代と被葬者像

石室部分からの出土遺物がなく、古墳の年代を明確にすることはできないが、墳丘下で確認した二軒の竪穴住居跡の年代、周溝を中心に出土している埴輪の特徴等から、従来からの見解である六世紀後半に位置づけられる。

古墳の規模・形状、埴輪の存在は、福島県南地方において確認されている古墳では、群をぬいた内容で、『先代旧事本紀』の「国造本紀」にみえる「白河国造」墓の可能性が最も高い古墳といえる。

3 谷地久保《やちくぼ》古墳

（一）大正時代の測量調査

舟田中道遺跡の北側一・八キロ《キロ》のところ、標高三五〇メートル《メートル》程の丘陵南斜面に位置している。

一九二六（大正十五）年、岩越二郎は地元住民に案内されて、古墳の存在を確認し、測量調査を行っている。岩越は、この測量調査の結果について一九三六（昭和十一）年に『岩磐史談』に発表し、古墳の埋葬施設が石槨であること、この石槨の特徴が大和・中尾山古墳と類似しているとし、火葬墳の可能性を指摘している。また、あわせて古墳の重要性を鑑み、史跡として指定保護を加える必要性を説いている。

ここで一つ注目したいのは、地名のことである。鈴木啓も指摘しているところであるが、古墳

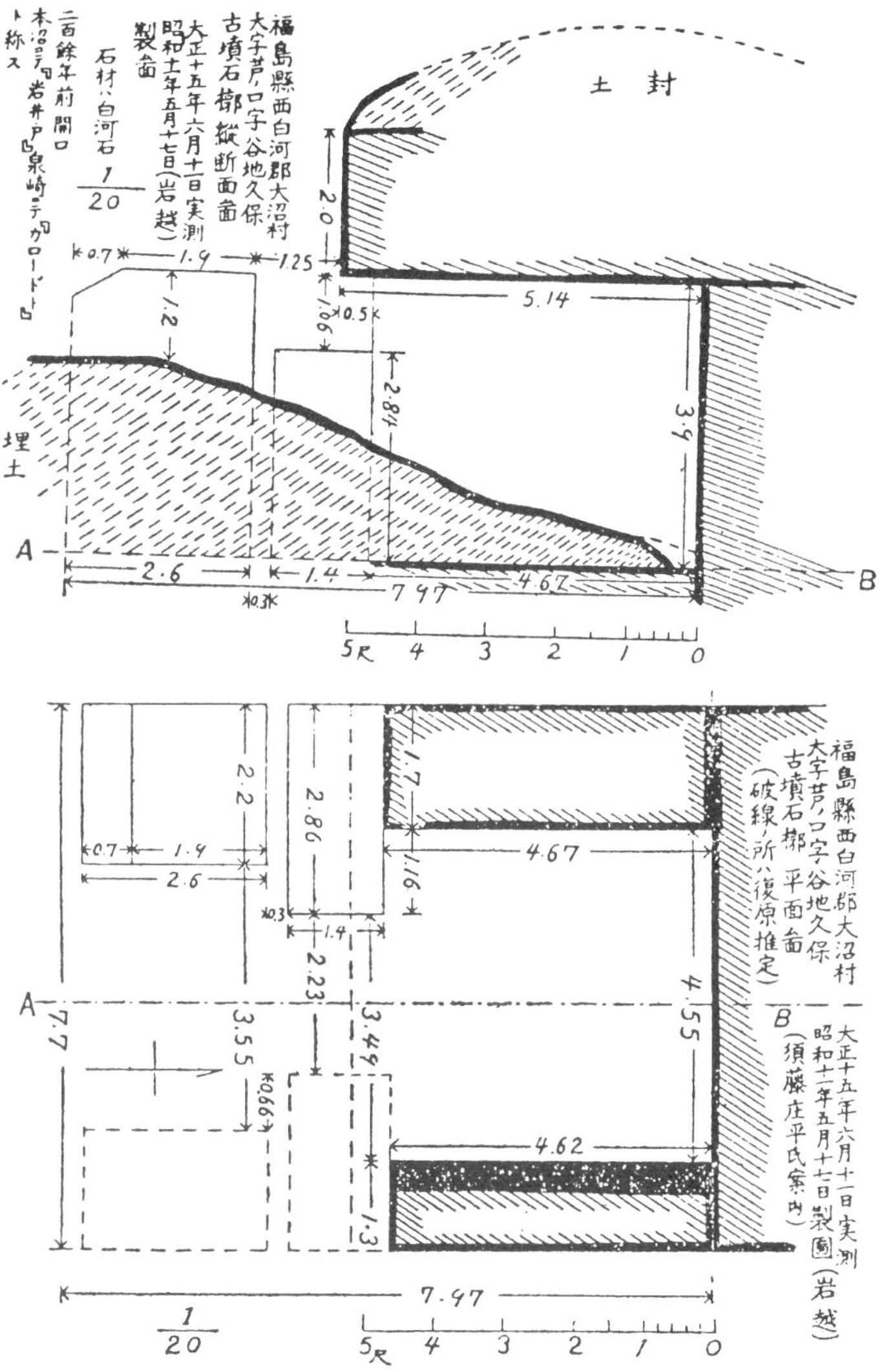

図62　谷地久保古墳石槨測量図（大正15年）

の背後に迫る丘陵の頂上部を境とし南側が白河市、北側が泉崎村となる。白河市では岩井戸が字名となっているが、泉崎村ではこの丘陵を「カロード山」と呼称していることである。唐櫃を「からと」または「かろうど」と読むが、まさしく石槨をもつ古墳から派生した地名といえよう。

なお、岩越が残した包蔵地カードには、付近にも小円墳が存在したことが記されている。すでに破壊を受けていたようであるが、同じ谷での複数の古墳の存在を示すものであり注意される。

岩越の報告以後、この古墳に対してはあまり取り上げられることもなく、いつしか古墳の位置も忘れられてしまっていたようであるが、昭和四十五年に古墳を含む一帯が、果樹団地として造成された際、破壊されることなく保存されたことは、非常にさいわいなことであった。いかなる経過があったのかは、今では知る由もない。

（二）古墳の再発見と位置づけ

昭和五十七年頃、穴沢咊光より、根本信孝（当時市文化財担当）に古墳に対する問い合わせがあった。この時点では、すでに古墳の位置も定かではない状況となっていたようであるが、根本が所在確認を行い、場所を突き止めている。

穴沢は、岩越の報文をもとに、当時関西大学で教鞭をとっていた網干善教に対し、この古墳が大和中尾山古墳に類似すると思われるので、一度見て欲しい旨の書簡を送っている。

根本の再発見の後、いち早くこの古墳の紹介をしたのが福島雅儀である。福島は、一九八三（昭和五十八）年二月刊行の『文化福島』において、「福島県の終末期古墳・二例」と題して、谷地久保古墳と石川郡玉川村所在の宮ノ前古墳を紹介し、切石を用いた両古墳でも、構造的には谷地久保古墳の方が宮ノ前古墳よりも進んだ特徴を有し

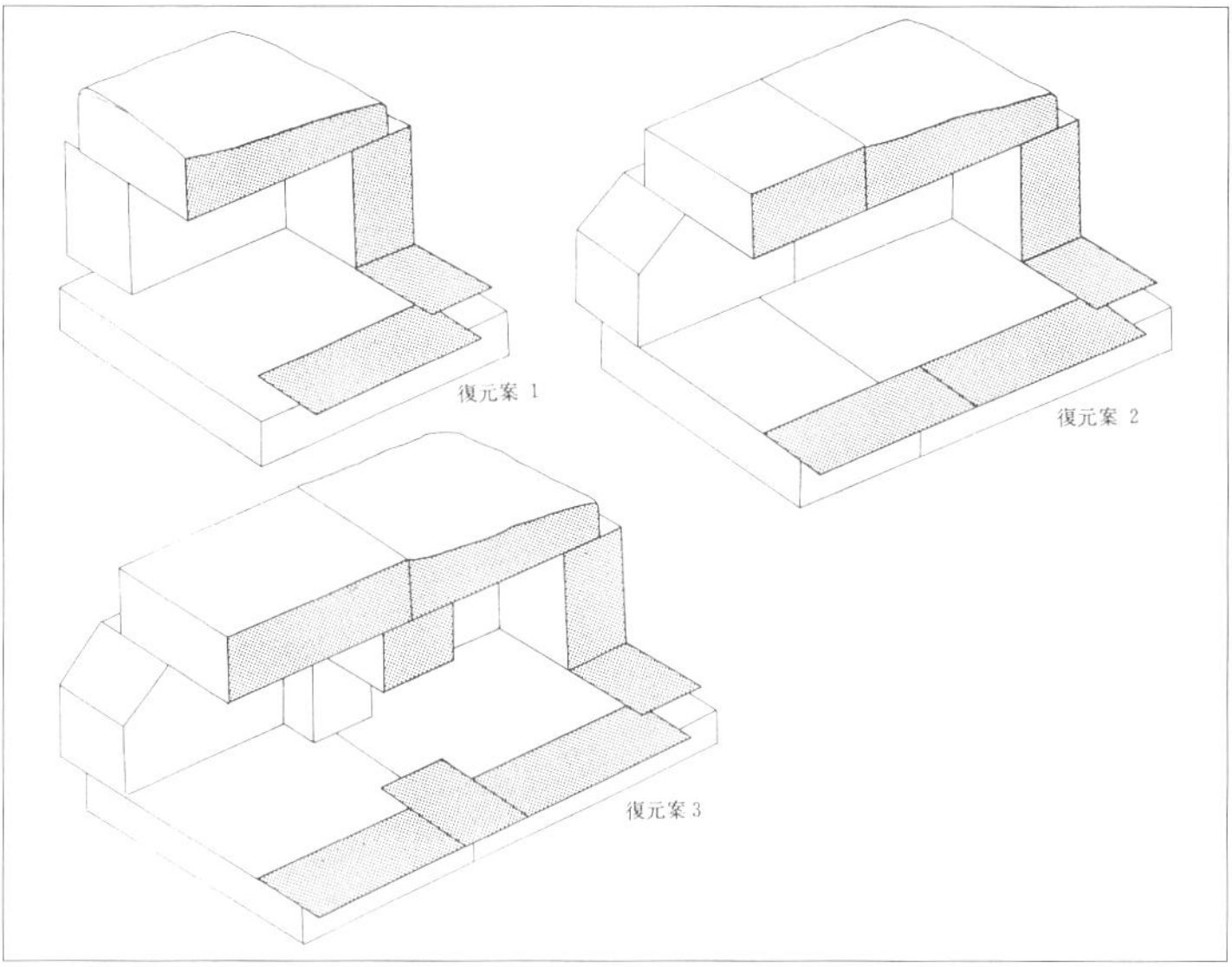

図63　石槨復元図（福島雅儀作成）

ているとし、この古墳が畿内との関連が指摘される、終末期古墳であると位置づけている。

この福島の紹介により、陸奥南部のこの地にも畿内的特徴を有した切石積みの石室をもつ古墳が存在することが、再認識されていくようになる。

福島は、その後も谷地久保古墳について継続的に検討を加え、一九八六（昭和六十一）年には、石槨の復元案を示している。

（三）　関西大学の測量調査

穴沢咊光からの書簡を受け取った網干善教は一九八三（昭和五十八）年八月、関西大学考古学等資料室の遺跡巡検で東北へ訪れた際、根本信孝の案内で谷地久保古墳・宮ノ前古墳を見学している。

網干は、谷地久保古墳について「畿内地方にみる切石を用いた古墳と同様な構造をもつ古墳」と

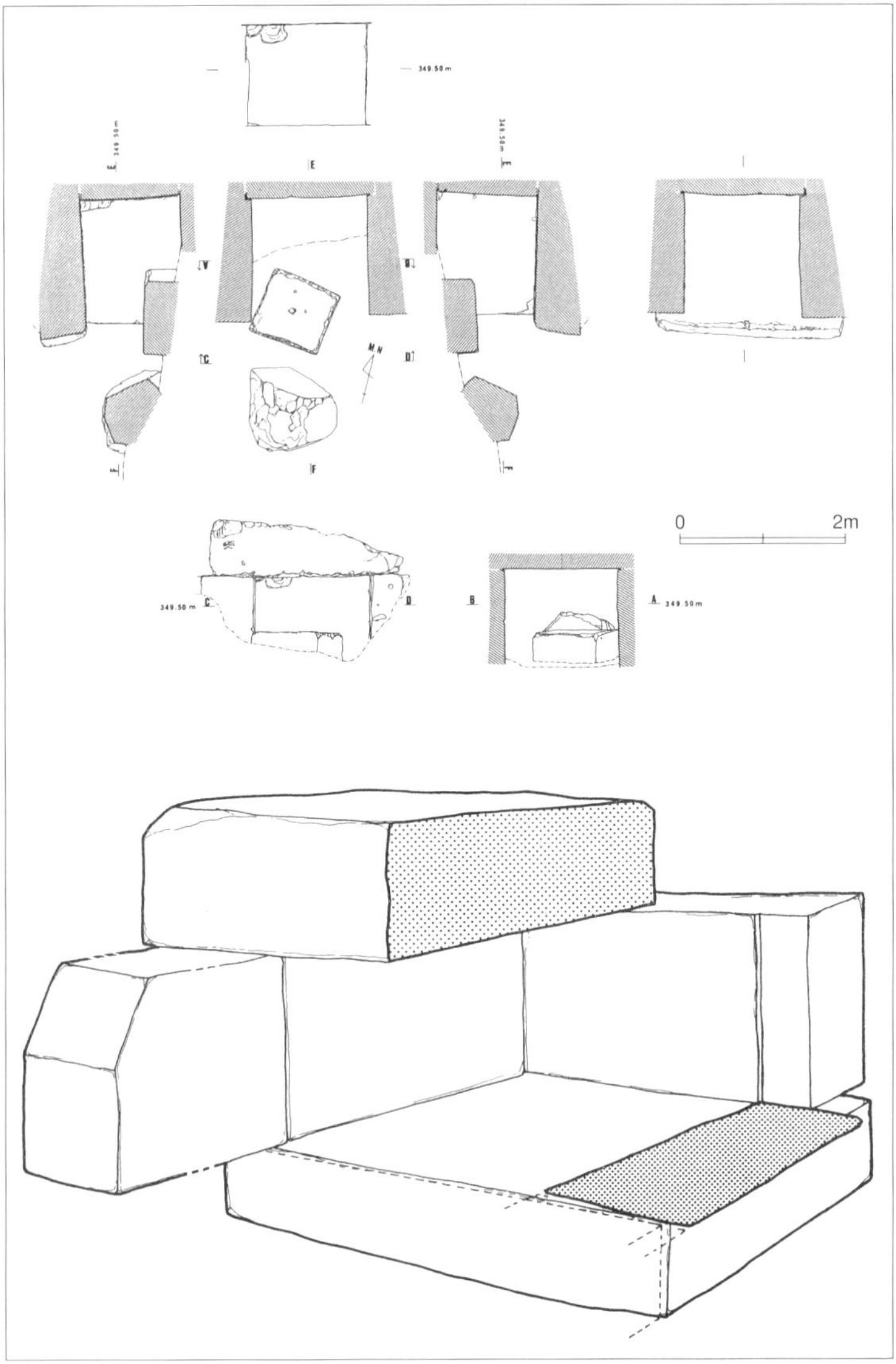

図64　関西大学実測図・復元図

判断し、未だ十分な実測図がないこれらの古墳について、古墳研究の一環として谷地久保古墳・宮ノ前古墳の実測図の作成を院生に提案し、後日実測調査が実現することとなった。

調査は、昭和五十八年十月下旬より十一月初旬にかけて実施されたが、谷地久保古墳では十月二十六日・二十七日の二日間にわたり、石槨および石槨周辺の地形測量を行っている。

この調査の結果、古墳は三方が丘陵に囲まれた南に向いた緩斜面上に構築され、墳丘の北側（背面）には、幅二五メートル、高さ二メートルの弧状を呈する崖面の存在が指摘されている。

測量図の観察結果から、古墳の規模は東西径約一〇メートル、南北径約一二メートル、斜面下方からの見せかけの高さ約三・五メートルを測る、いわゆる山寄せ式の円墳であると想定された。

主体部は南に開口する切石の横口式石槨で、平滑に加工が施された安山岩質溶結凝灰岩を用いて、底石の上に奥石と左右の側石を立て、その上に天井石を架構する構造と位置づけられた。また、石槨内に存在する加工面のある扁平な石材と、石槨外に存在する加工の痕跡が確認できる石材の存在から、畿内的性格の強い終末期の横口式石槨（切石積み）と認識された。

こうした、古墳の再評価がきっかけとなり、一九八八（昭和六十三）年には福島県の史跡に指定された。

（四）国史跡指定を目指した調査

この古墳も、下総塚古墳同様舟田中道遺跡での豪族居館跡の発見が契機となり、国史跡指定を目指して内容確認の調査を実施することとなった。

調査は、二〇〇一（平成十三）年に第三次調査（岩越の測量を第一次、関西大学の測量調査を第

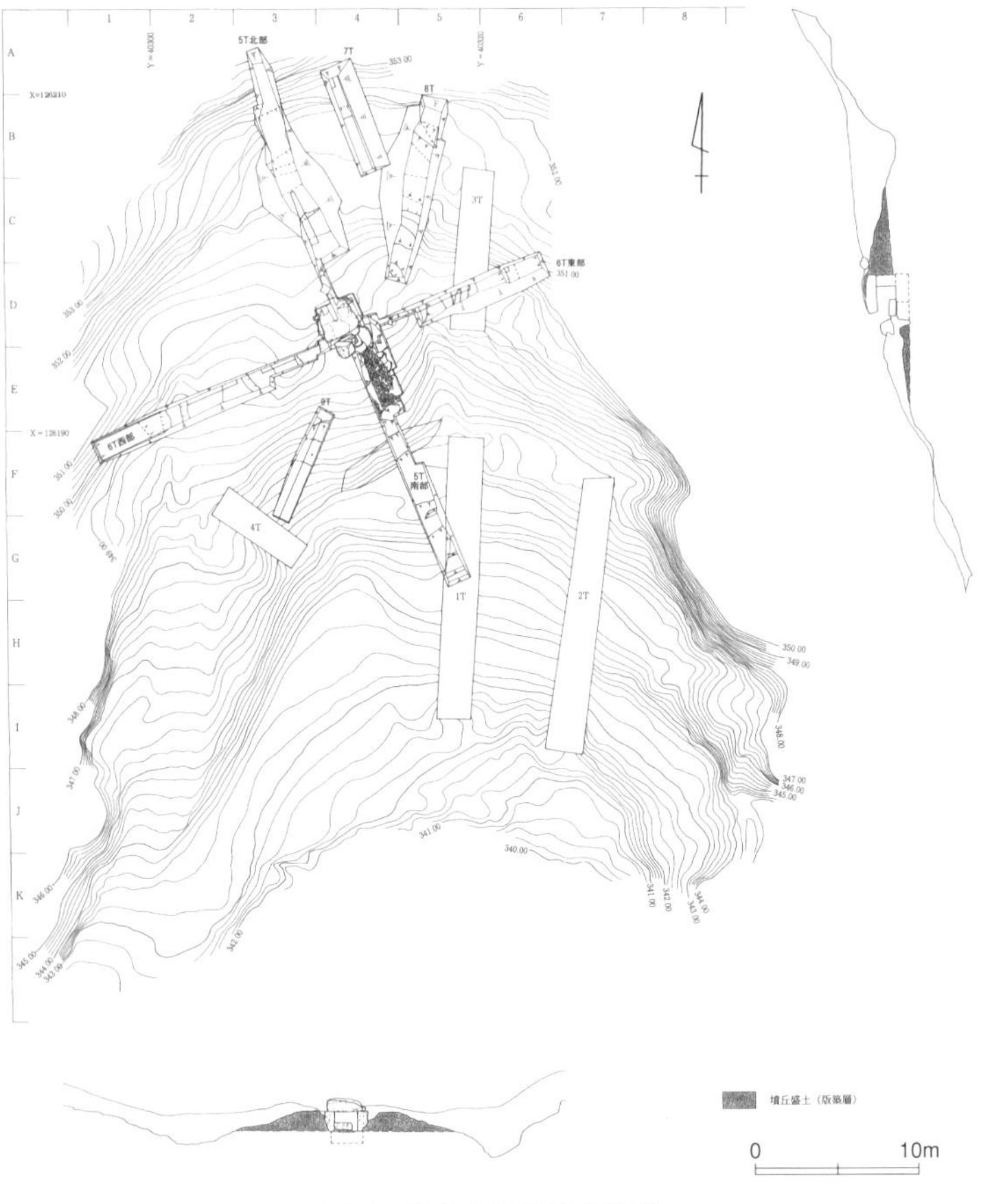

図65　谷地久保古墳全体図

二次としている）を行った。この調査は、石槨の存在する周囲を対象として、旧地形の確認と他遺構の存在確認が目的となっている。

調査の結果、旧地形と昭和の造成との関係が把握できた。また、周囲での遺構の存在は確認されなかった。

平成十五年に、第四次調査を実施した。この調査により、今まで表面観察からの見解であった古墳の構築方法や構造について、より具体的に様相を示せるようになった。

土地の整形

古墳は、三方を尾根で囲まれ、南に開く谷部に立地している。古墳の構築にあたっては、背後にあたる北側部分を「コ」の字形に整形し、谷地形のほぼ中央に盛土して平坦面を造成している。

墳　丘

現状では、円墳状に見て取れるが、周囲が果樹団地造成により旧来の地形を失っていることから、明確にはできない状況にあった。

トレンチによる確認ではあったが、墳丘構築土（版築）の存在が確認された。墳丘斜面部には、幅一・二～二メートルの平坦面が確認でき、この平坦面が高さとしては墳丘の中程を巡る状況にあることから、二段築成であると考えられた。平坦面より下部を一段目、上部を二段目と呼称する。

墳丘裾部の形状が、弧を描いていることから、墳形は円墳と判断される。墳丘一段目の裾で径一七メートル、二段目は径一〇メートルを測る。残存している墳丘の頂上部から、確認した墳丘裾部の比高差は、最大で三・七メートルを測る。

埋葬施設

一九二六（大正十五）年の発見時より、開口している状況であった。確認できる規模・形状から、安山岩室溶結凝灰岩（白河石）で構築された横口式石槨と位置づけられてきた。今回の調査で、以下のような石槨の構築方法が明らかとなった。

石槨は、まず整地した部分に二枚の床石を設置する。床石は、確認できた南側で幅一九九センチ、奥行一〇〇・五センチ、厚さ七三センチを測る。北側は、奥壁・側壁が設置されていることから規模は不明であるが、南面から奥壁までは九八センチを測ることから、南側床石と大差ない値を示すものと考えられる。

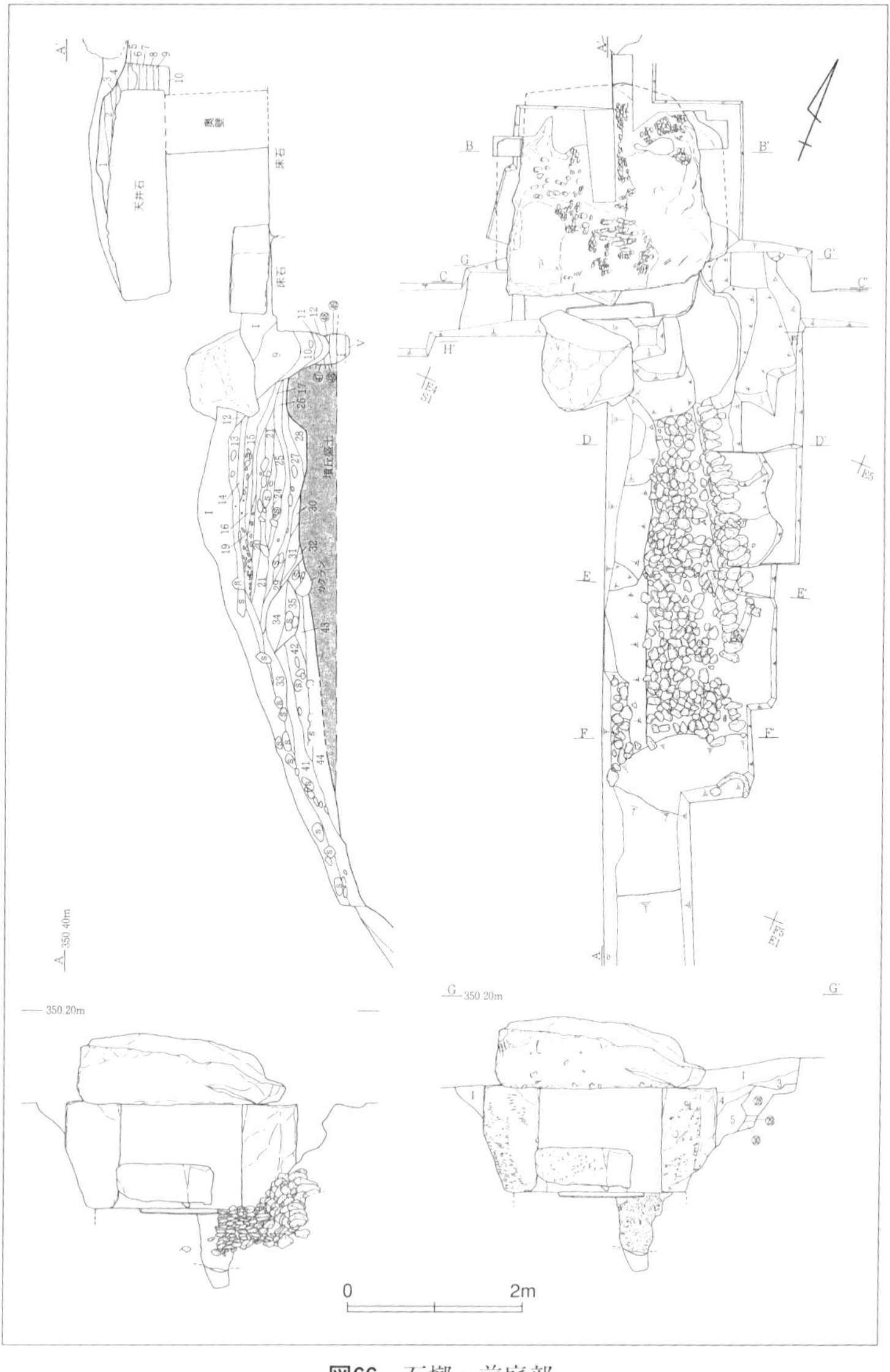

図66　石槨・前庭部

図67　古墳の立地

図69　前庭部

図68　墳丘全景

南側床石の南面中央部には、幅九七センチ、奥行一六・五センチ、深さ三センチを測る刳り込みが存在しているが、扉石を設置した場所ととらえられる。

床石上には、奥壁・側壁が設置される。いずれも一枚岩で、側壁は一六〜三〇センチ外側へはみ出すように設置されている。奥壁と側壁との関係は、両側壁と奥壁とが接する部分に、東西七センチ、南北六センチ、断面をL字型に刳り込んで、奥壁を挟み込んでいる。

天井石も一枚岩で、幅二・三一五メートル、奥行二・三五五メートル、厚さ七〇・五センチを測る。奥壁側は、奥壁の縁辺部にほぼ重なるようになるが、側壁部分については、側壁の縁辺部よりも内側に設置されている。

各部の規模は、玄室が奥行一・四四メートル、幅一・三七メートル、高さ一・一九メートル、玄門は奥行四一センチ、下端幅七一センチ、高さ八四センチ、羨道は奥行八一センチ、幅九七センチ、高さ一・一七メートルと想定されている。

前庭部

石槨中心を通る軸線に対し、東側半分の掘り込みを行った。平面形は、南に向かって「ハ」の字状に開き、壁面には長さ二五センチ、径一五センチ程度の川原石、底面には径一五センチ、厚さ二センチほどの扁平な川原石を敷き詰めているのが確認された。壁面の川原石は、長さ三・八四メートル確認され、最大で五段積まれていた。

中軸線を基に確認幅を計測すると、北側で九八センチ、南側で一・九メートル、南北の長さは三・八四メートルまで確認できた。単純に数値を倍にしてみると、石槨側で約二メートル、南側で三・八メートル程度と想定される。

底面に、確認長三・一メートル、確認幅五〇センチを測る溝状遺構が存在している。およそ半分の掘り込みのため、性格を特定することはできないが、石槨構築材の搬入道や排水施設の可能性が考えられ

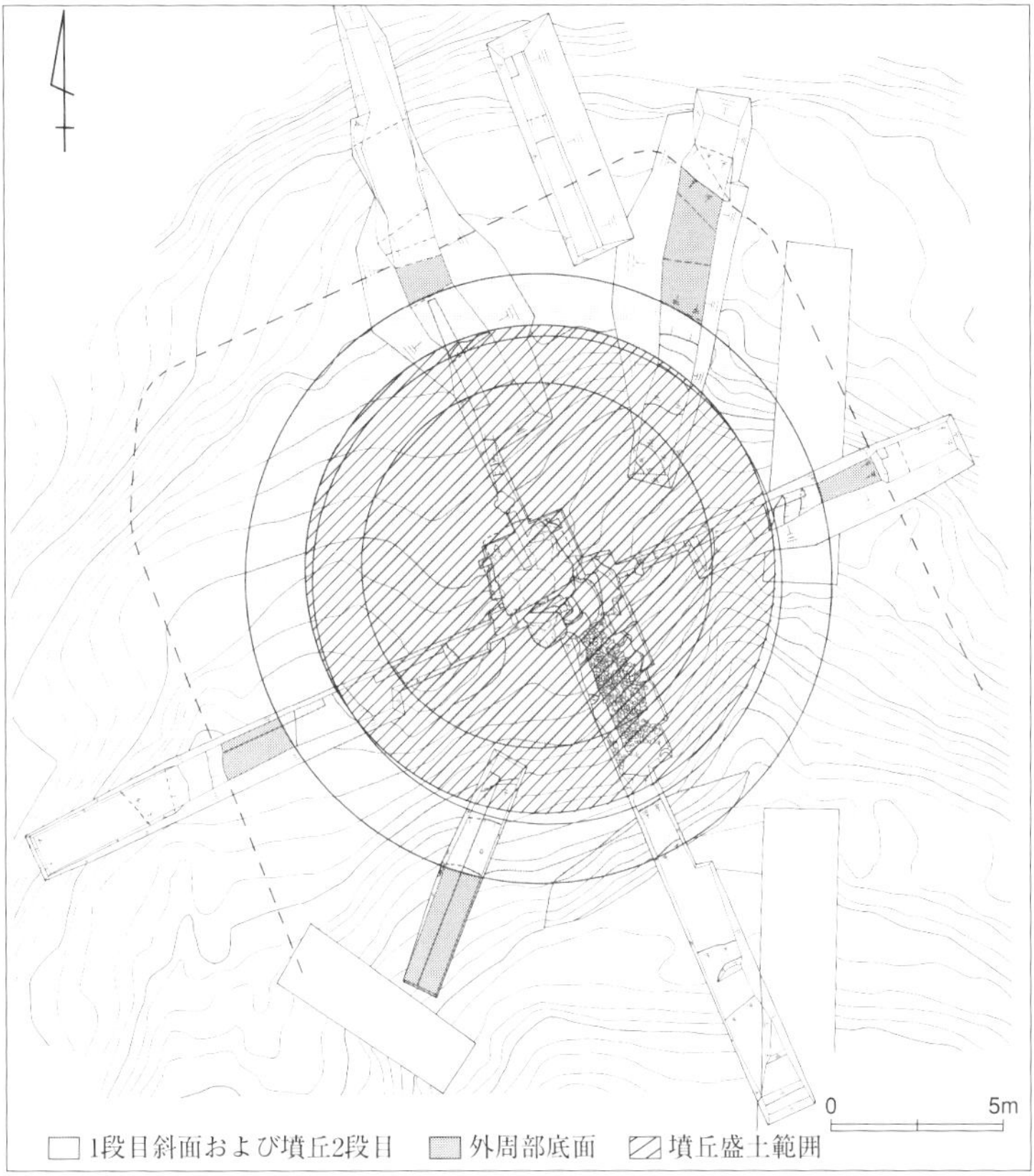

図70　墳丘復元図

る。

後世の攪乱を受けていることもあり、前庭部の堆積土については十分な観察ができなかったが、確認範囲の状況からは、畿内における終末期古墳の調査事例のように、版築により埋め戻している様子はないものと判断された。

石槨の復元　大正十五年の実測図（図62）、調査で新たに確認できた内容、現状で石槨の内部および前面に存在している石材の観察結果等を総合し、石槨の構造が復元されている（図72）。

まず、大正十五年の実測図

図71　石槨全景

を見ると、石槨の入口部には、上端の一面が隅切りされた石材が外側に立ち、やや高さの低い石材が内側に立っている。これは、西側においてのみ確認でき、東側には存在していないことが明らかである。岩越は、亡失と表記し、元来は双方に存在していたものと想定している。

　現状では、実測図に表記された西側の石材は立っていない。しかし、玄室内に方形の石材が横たわり、石槨入口前面には一端が隅切りされている石材が存在していることから、この二個の石材が、岩越の実測図に表記された西側の石材と位置づけてよさそうである。

　玄室床面に倒れている石材については長辺八四～八五センチ、短辺七五～七七センチ、厚さ三八～四二・五センチを測る。現状での上面は平坦であるが、下面（床面側）は加工を施し、断面形がL字型をしている。二面のみ、ていねいに磨かれている。

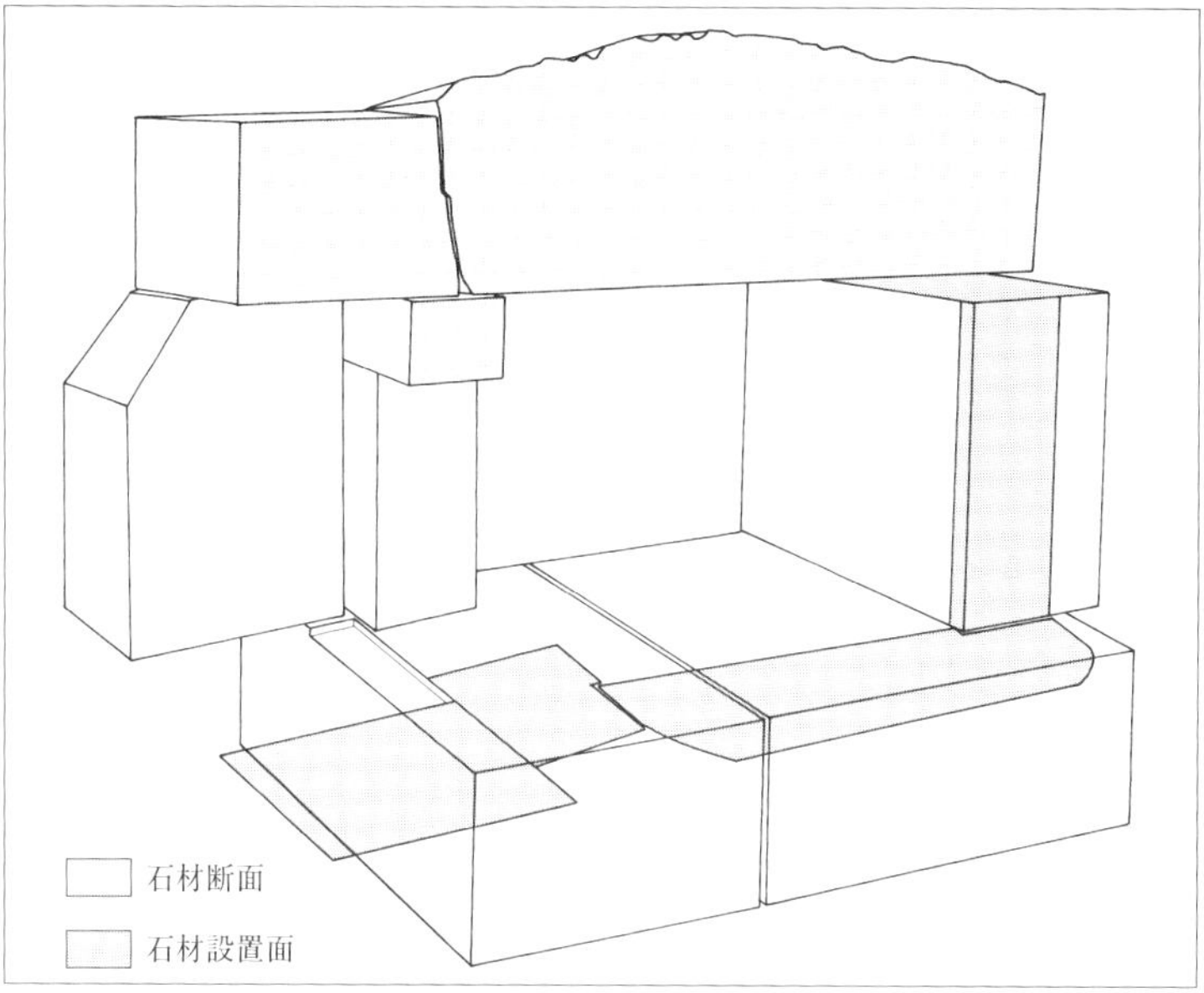

図72　石槨復元図

Ｌ字部分を利用し側壁に接着させ、玄門側壁として使用したものであろう。石槨前面に存在する石材は、一端に隅切りがみられ、幅七七センチ、高さ一・一七メートル、奥行八一・五センチを測る。羨道側壁として使用されたものと位置づけられる。

玄室側壁・玄門側壁・羨道側壁という構造となるが、玄室側壁の高さが低いことから、玄室側壁と羨道側壁の間に南北三七センチ、高さ三二・三センチの空間ができるため、玄門側壁上には楣石《まぐさいし》の存在が想定される。

天井石については、現存する天井石の加工状況を観察すると、細かい単位のタタキ整形と考えられ、玄室内の可視部分のように磨かれた状況ではなく、南面は他の石材との設置面と考えられ、羨道部分を覆う天井石が存在した可能性はある。

復元された石槨の姿は、玄室・玄門・羨道で構成された横口式石槨である。復元案から導き出された各部の規模は、玄室が奥行一・四四五メートル、幅一・三八メートル、高さ一・一九メートル、玄門が奥行四二・五センチ、下端幅七一センチ、高さ八四センチ、羨道が奥行八一・五センチ、幅九七センチ、高さ一・一七メートルとなる。

埋葬法について

この規模からは玄室内に棺を収めることはむずかしいものと判断される。岩越が考えたように、中尾山古墳との規模の近似性から、骨蔵器による火葬骨の埋葬も考えられるが、骨蔵器の存在は確認できず、また中尾山古墳のように床石に棺を置く場所が加工されているわけでもなく、特定はできない。

平成十五年の調査の際に現地指導をした河上邦彦は、玄室床面への加工や中尾山古墳よりも規模が一まわり大きいことを考慮し、遺体を仮埋めして、後に骨だけを小さな棺に入れて埋葬した改葬墓の可能性を指摘しているが、これを裏づける遺構・遺物の確認はない。

現段階では、骨蔵器による埋葬、改葬の両者の可能性があるものと考えるが、前庭部に見られた石積みや石敷きの存在の意味を加味すれば、埋葬法の可能性を導き出せるのではないだろうか。

（五）古墳の年代と被葬者像

過去における調査、今回の調査においても遺物の出土は確認されず、古墳の年代を特定できる状況にはないが、畿内の事例を参考とし、七世紀後半から八世紀初頭の年代で考えている。

横口式石槨の構造的特徴が、畿内における横口式石槨の概念に合致すること、古墳の築造された年代と郡衙・寺院の成立時期がほぼ同じであることなどから、古墳の被葬者について福島雅儀が「郡衙の創建はこの地域における律令体制の成立を意味し、このような中央からの政策を遂行する上で、その中心的役割をはたした人物が谷地久保古墳の被葬者であろう」と述べているように、被葬者は中央政府と密接な関係にあった、白河地域における国造や郡司クラスの盟主的立場の人物と考えられる。

4 借宿廃寺跡《かりやどはいじ》

(一) 江戸期の認識

舟田中道遺跡の南東、約五〇〇《メートル》のところに位置する。

文化年間に編纂された『白河風土記』の借宿村の条には、以下のような記述がみられる。

「……口碑ニ上代帝或伝宮ト云ル貴人ノ此地へ渉リ暫ク宮居シテ三ヶ年ヲ経玉ヒシ故ニ借宿ノ名ハ起リシト云フ今ニ村ノ内ニ一カ所古瓦ノ擢列セシモノ堆ヲナセシ地アリ村民嘗テ全瓦ヲ堀出スニ筒瓦ニ七曜ノ星ヲ付タルモノアリト此星ノ帝ナト唱フルニ関係セシ事アルベシ又大石ノ柱礎ト擯シキモノ其ホトリニ十枚計リモアリ何レ古へ此地ニ大家屋ノアリシナラン此五箇村ノ地ハ一郡中ノ沃土ニシテ平衍ナレバ古ノ国造或ハ軍団ノ時ノ大毅小毅ナト云フ人ノ蹤跡ナルモ知リカタシ」

この記載から、借宿という地名の由来が記されるとともに、文化年間には一〇個ほどの礎石と古瓦が存在したことが知られる。また、礎石等の存在から、この地には国造や軍団の大毅・小毅の住まいの存在を想定している。

現在では大半の礎石が失われ、基壇上に二個、基壇の傍らに一個(移動している)が存在しているだけである。

(二) 大正・昭和初期の調査

借宿より出土する瓦について、最も精力的に資料の収集、調査を行ったのは、岩越二郎である。岩越は、遺物に記載された記録から、一九二四（大正十三）年頃より資料の収集にあたっていたようであるが、その後も、昭和初年までの間に、いく度となく借宿の地を訪れ、瓦の採集や個人所有瓦の拓本の採取を行っている。その主眼はおもに軒丸瓦にあったようである。

一九二〇（大正九）年に、県史蹟名勝天然記念物調査員の八代義定が訪れている。正確な記録はないが、このとき元委員の小此木忠七郎も同道したようで、基壇の存在する土地の所有者である斎藤丈吉より瓦二点を借り受けている。

一九三四（昭和九）年六月二十二日には、須釜善勝が発掘を行い、鐙《あぶみ》瓦、宇《のき》瓦など数種を発見しているが、同地点を七月一日には、石井重五郎・岩越が発掘し、宇瓦の変った種類を得ている。

同年十一月十七日・十八日には、東北大学の内藤政恒による測量調査が行われる。内藤は、東北地方における古瓦の調査のために、前年の昭和八年より借宿を訪れていたが、十分な時間が取れず、この年は六月十八日に次いで二度目の来跡であった。

測量は、礎石が残る基壇跡から西側へかけての範囲についての現況と、二個の礎石について行っている（図73）。

一九三五（昭和十）年に内藤は、『考古学雑誌』第二五巻一一号において、「磐城西白河郡五箇村借宿の遺蹟遺物について」を発表し、基壇と古瓦や塼仏の存在から、奈良時代初期頃に建立された寺院跡と位置づけた。

伽藍配置については「僅かながら礎石を伴ふ土壇が一個存する外に、不確実なれど土壇らしきものが一個あり、その以外には遺蹟としてみるべき

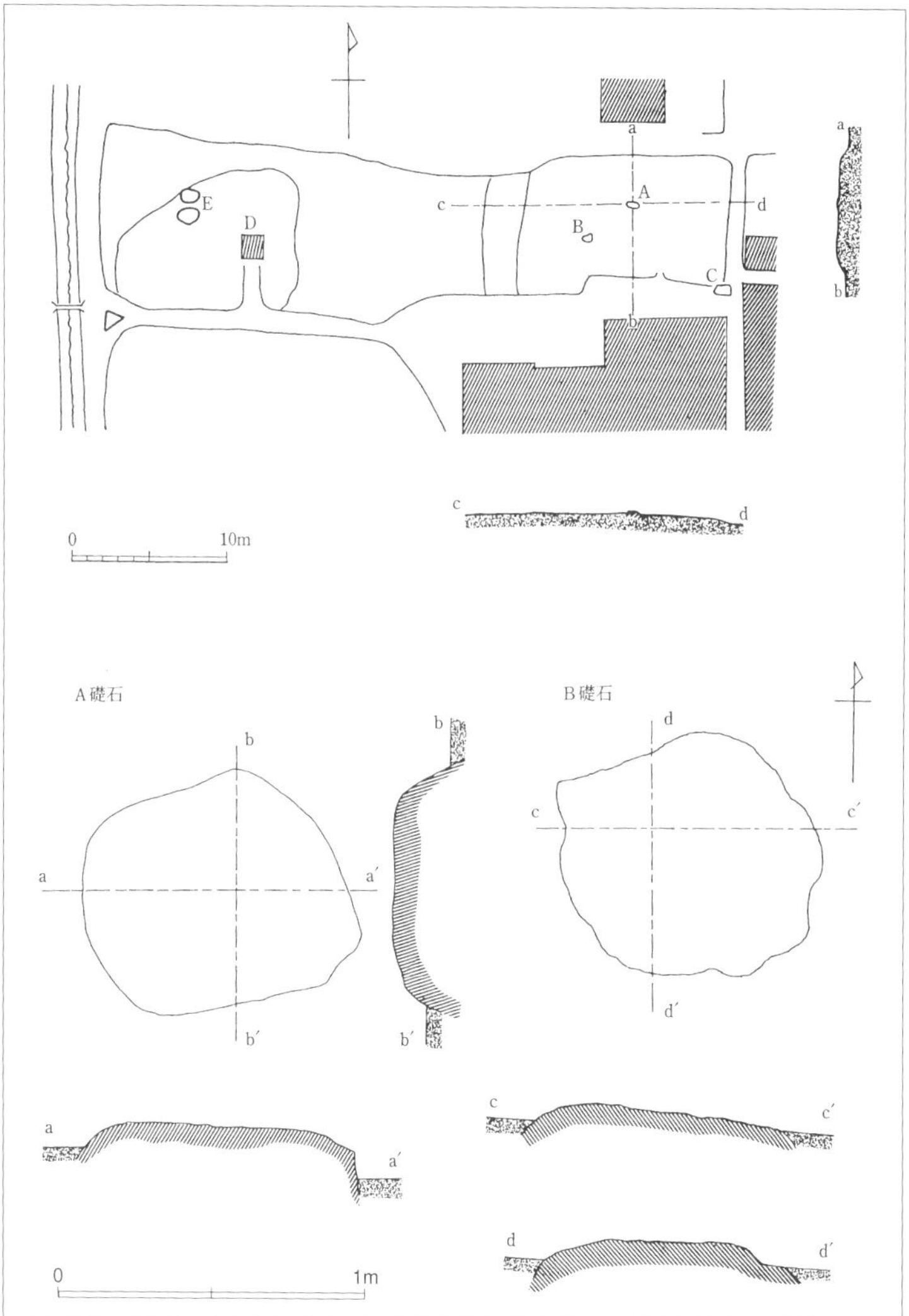

図73　基壇測量図（昭和9年）

図74　瓦出土状況（昭和９年）

何ものもなく、極めて悲惨な状態で、従って現在の有様では堂宇の規模、堂塔の配置等を窺ひ知る事は至極困難」としながらも「八幡社に隣接する北方の桑畑にも堂宇の存在したらしい形跡が認められるので、その当時の伽藍様式の上より観察した場合、前記土壇は金堂址か塔婆址かであり、北方の桑畑は講堂址ではあるまいか」と推察している。そして、八幡社が存在する部分の高まりについては「周囲より投棄された瓦片と土砂の堆積によって隆起状を呈した如くも考えられ、また元来の土壇の名残を止めてゐるものとも考へられ、これも再度の発掘によらざれば明らかに決定することは出来ない」としつつも、「以上の事柄に大体誤診がないとするならば、余はここに法隆寺式か或は法起寺式の伽藍の配置法を持つ寺院が存在したのではないかと考える」と位置づけている。

このほかにも、昭和十・十一年頃に全国の国分寺瓦の蒐集家である国際汽船会社取締役の住田正一・正二親子も調査に来ているなど、大正から昭和初期にかけて、借宿は多くの注目をあびた時期でもあった。

こうした状況を踏まえ、昭和十一年岩越は『岩磐史談』上において、借宿の遺構・遺物および借宿にかかわる人びとの活動を記すなかで、重要な遺跡であるにもかかわらず、町や県の遺跡に対する関心の低さを憂い、「もはや此以上に遺蹟の破壊等は行われないだろうとは思いますが、地元なり又は県なりでもっと顕彰と保護を加えられて、我白河の為め、否東北地方、否邦家の為めに奈良朝文化の遺蹟地を確保せられん事を望む次第であります」として、遺跡の現状での保護の必要性を強く訴えている。文化財保護に対する、岩越の考えがよく示された一文である。

岩越らによる調査研究、文化財保護に対する思いが通じ、基壇跡の存在する敷地については、一九五三（昭和二十八）年十月一日に福島県の史跡に指定され、遺跡の保護が図られ現在にいたっている。

瓦と塼仏

岩越により収集された瓦と、地元に残された瓦を基に、その特徴をみてみる。なお、借宿廃寺跡・関和久官衙遺跡・関和久上町遺跡出土の瓦については、辻秀人により分類がなされており、この分類が基本となっている（図31・32、表4～6）。

軒丸瓦

複弁六葉蓮華文軒丸瓦と重弁八葉蓮華文軒丸瓦がある。複弁六葉蓮華文軒丸瓦は、二種類存在する。図75―1～4は、複弁六葉蓮華文第一類とよばれるもので、瓦当面の直径一八・五センチ、中房径六センチ、外区幅一・六センチを測る。瓦当文様は、中房に一＋六の蓮子、弁区に六葉の複弁と間弁、外区に連続するX形の浮文を

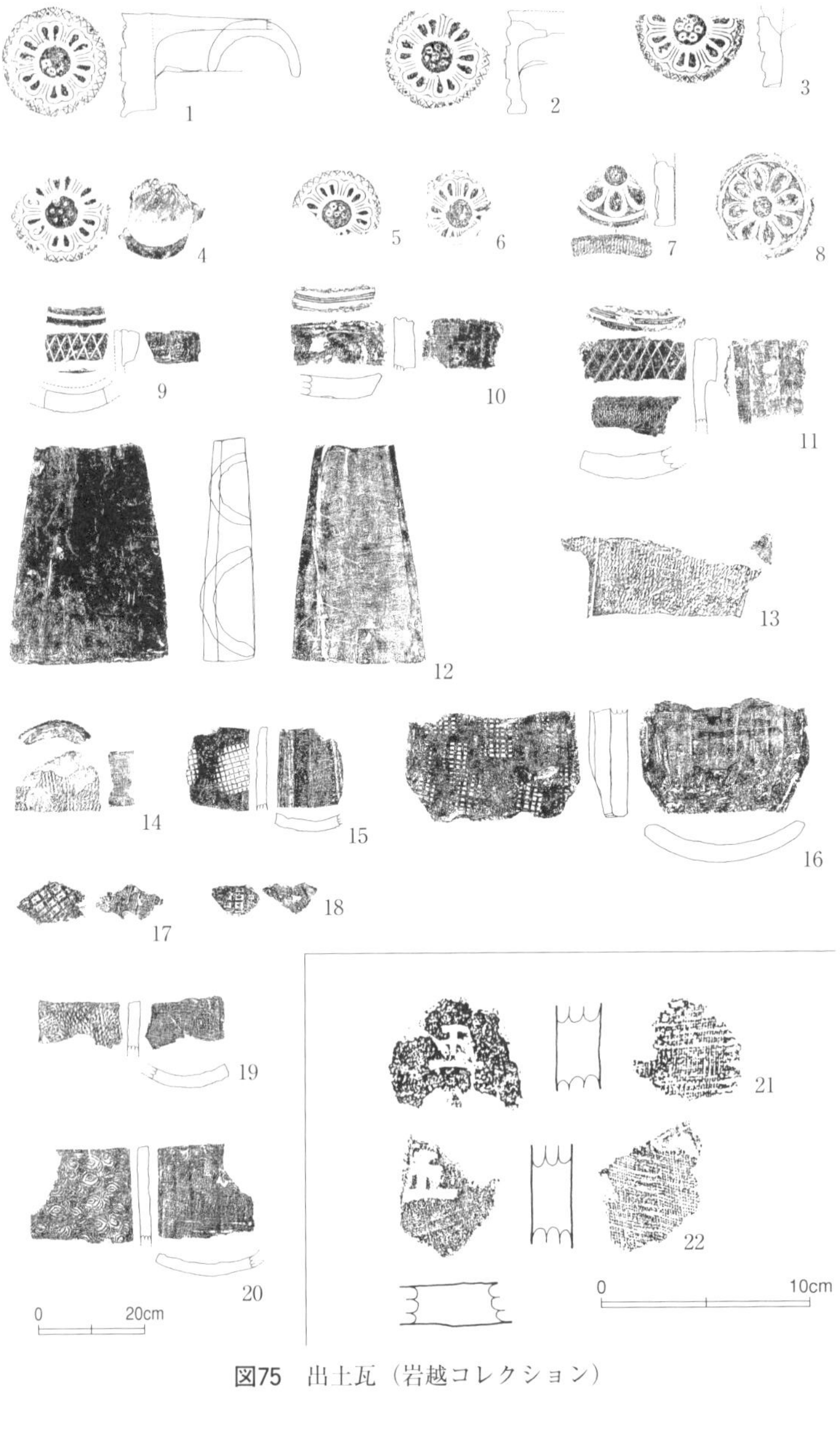

図75　出土瓦（岩越コレクション）

配する。間弁は、Y字形を呈し、細い隆線で表現されている。中心蓮子と周縁蓮子を結ぶ線は、間弁の位置と一致する。

図75―5・6は、複弁六葉蓮華文第二類で、基本的に第一類と文様構成、蓮弁、断面形等が共通しているが、直径が一五・五㌢と一まわり小さくなる。

図75―7・8は、重弁蓮華文軒丸瓦第一類で、瓦当面の直径一九㌢、中房径四㌢、外区幅二・一㌢を測る。蓮弁の幅は、三・五㌢を測る。子葉、蓮弁ともに丸みを帯びている。間弁の先端は左右に延びて、蓮弁の外側を通り隣の間弁の先端に接続している。外区は、ナデ調整されて平坦である中心蓮子と周縁蓮子を結ぶ線は、間弁の位置と一致する。

軒平瓦

図75―10・11は、重弧文軒平瓦第一類で、瓦当文様はロクロ挽き二重弧文である。完形品はなく、顎部は平瓦の広端部に粘土板を重ねた段顎で、顎の深さは七・五～一〇・五㌢程度である。顎部には斜格子文がヘラ描きされている。

図75―9は、重弧文軒平瓦第二類で、瓦当文様は手描きによる二重弧文である。斜格子文がヘラ描きされている。

丸瓦

図75―12はⅡ類で、粘土紐を素材とする桶巻き作りで、凸面をナデまたはヘラケズリ調整している。凹面には布目・粘土紐の痕跡がみられる。

13・14は、粘土板を素材とする桶巻き作りで、凸面に縄タタキがみられる。

平瓦

図75―15～18はⅢ類で、凸面に格子ないしX字状のタタキを施している。タタキの種類によって、Ⅲa～Ⅲdに細分される（16Ⅲa、17・18Ⅲb類）。

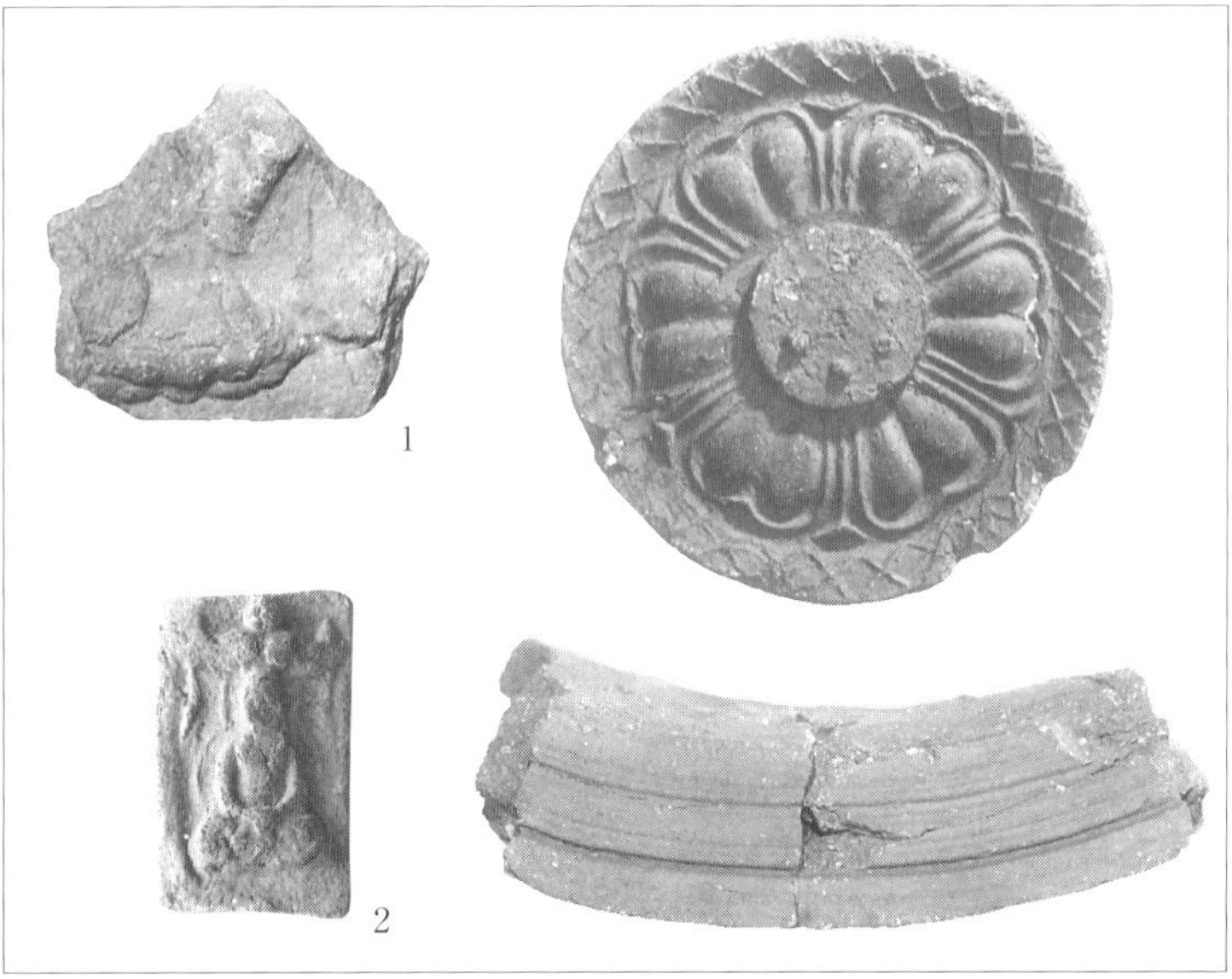

図76　借宿廃寺跡出土の瓦と塼仏

19はＶ類で、粘土板素材の一枚作りで、凸面には密な縄タタキが見られる。

20は、岩越により「桐実文」と表現されたもので、凸面にタタキが残る資料で、関和久ではみられない種類の瓦である。

刻印瓦　図75—21は斎藤丈一、22は早稲田大学生の採集品で、「五」の刻印が見られる。

塼仏　二個採集されている。1は、一九三四（昭和九）年六月十八日に内藤政恒が、西側の小祠付近で採集したものである。岩越の記録には、採集したのは午後四時頃と記載されている。三尊仏の破片で、中尊の脚と蓮華台の部分である。現物は行方不明であるが、岩越が残した石膏模型が存在する。石膏での値では、幅六センチ、縦五・五センチを測る。

2は、西側小祠の北側の畑より出土したとされるもので、一九二四（大正十三）年頃、地元の子供が拾ったものを、吉田久太郎が得て、さらに岩越に譲られたと記録されているものである。長さ五・二㌢、幅三・三㌢、厚さ〇・九㌢の小型品である。天蓋《てんがい》の下で、偏袒右肩《へんたんうけん》で定印を結ぶ独尊仏坐像が半浮彫りに表されている。山田寺や石光寺のものと似ている。

鈴木啓によれば、この塼仏は、岩越が香取秀真に贈り、香取が現東京国立博物館へ寄付し、博物館の所蔵品となったとのことである。

（三）国史跡指定を目指した調査

平成十五年度より、国史跡指定を目指して、寺院の範囲および内容を確認するための確認調査に着手した。

過去には、昭和初期の調査、平成八年度の住宅新築にともなう調査がある。ここでは、便宜的に昭和九年の内藤政恒による測量調査を第一次調査、平成八年の調査を第二次調査とし、今回の史跡指定を目指した平成十五年度からの調査を第三次調査として、説明を加えることとする。

第三次調査

県史跡指定地（以下指定地）を挟んで南側と北側を対象として調査を行ったが、遺構面の存在や遺構の残存状況の確認が、おもな調査目的であった。

調査の結果、指定地の北側において掘立柱建物跡や土坑、古墳時代の竪穴住居跡の存在を確認した。掘立柱建物跡の状況をみると、確認面は現表土から三〇㌢と浅い場所であるものの、遺構の遺存状況はよいものであった。三回の重複が確認でき、柱穴の底面に、平瓦を礎板として再利用している状況も確認できた。いずれ、全体の形状を確認する必要がある。

南側は、比較的後世の土地の改変があり、深く

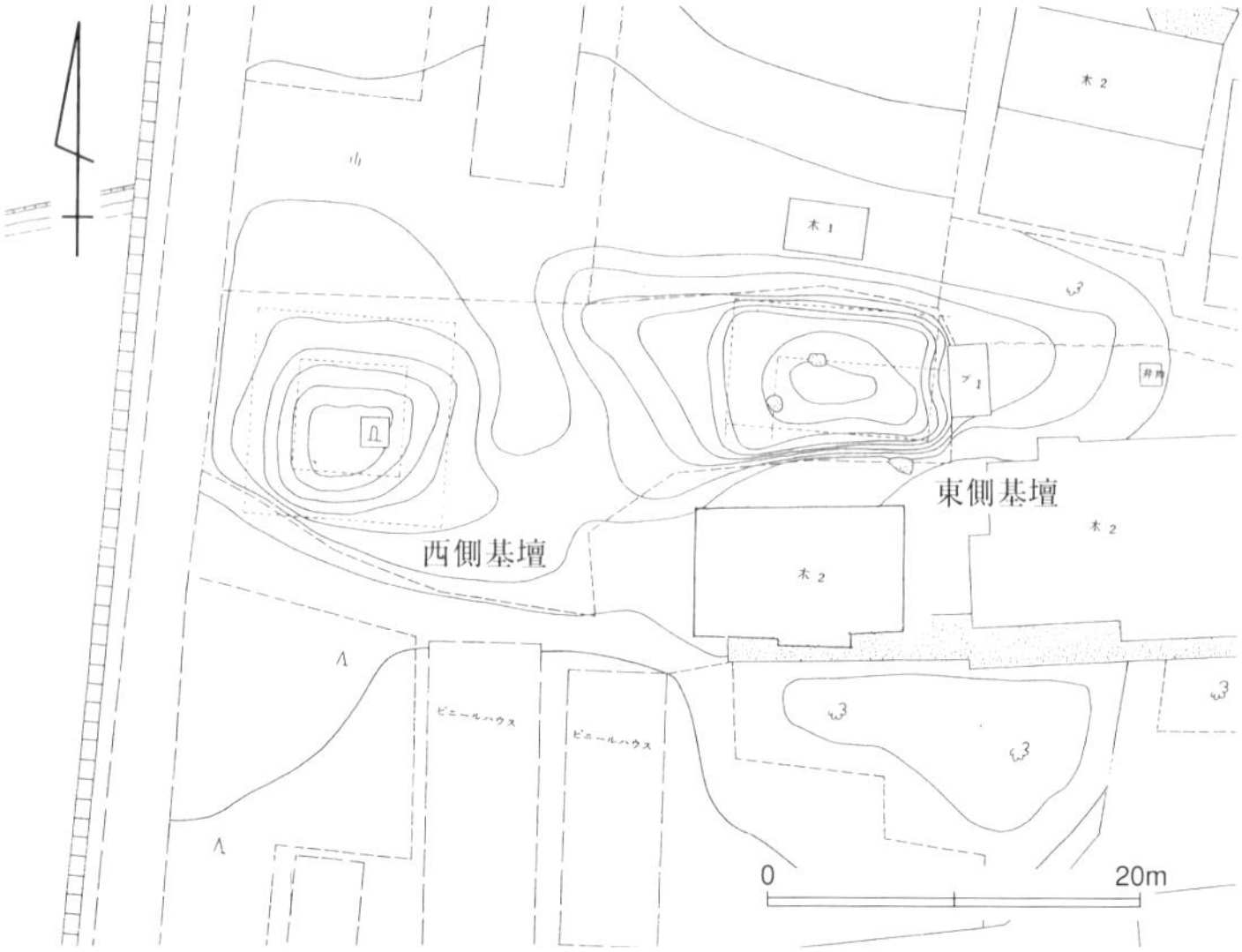

図77　基壇跡現況図

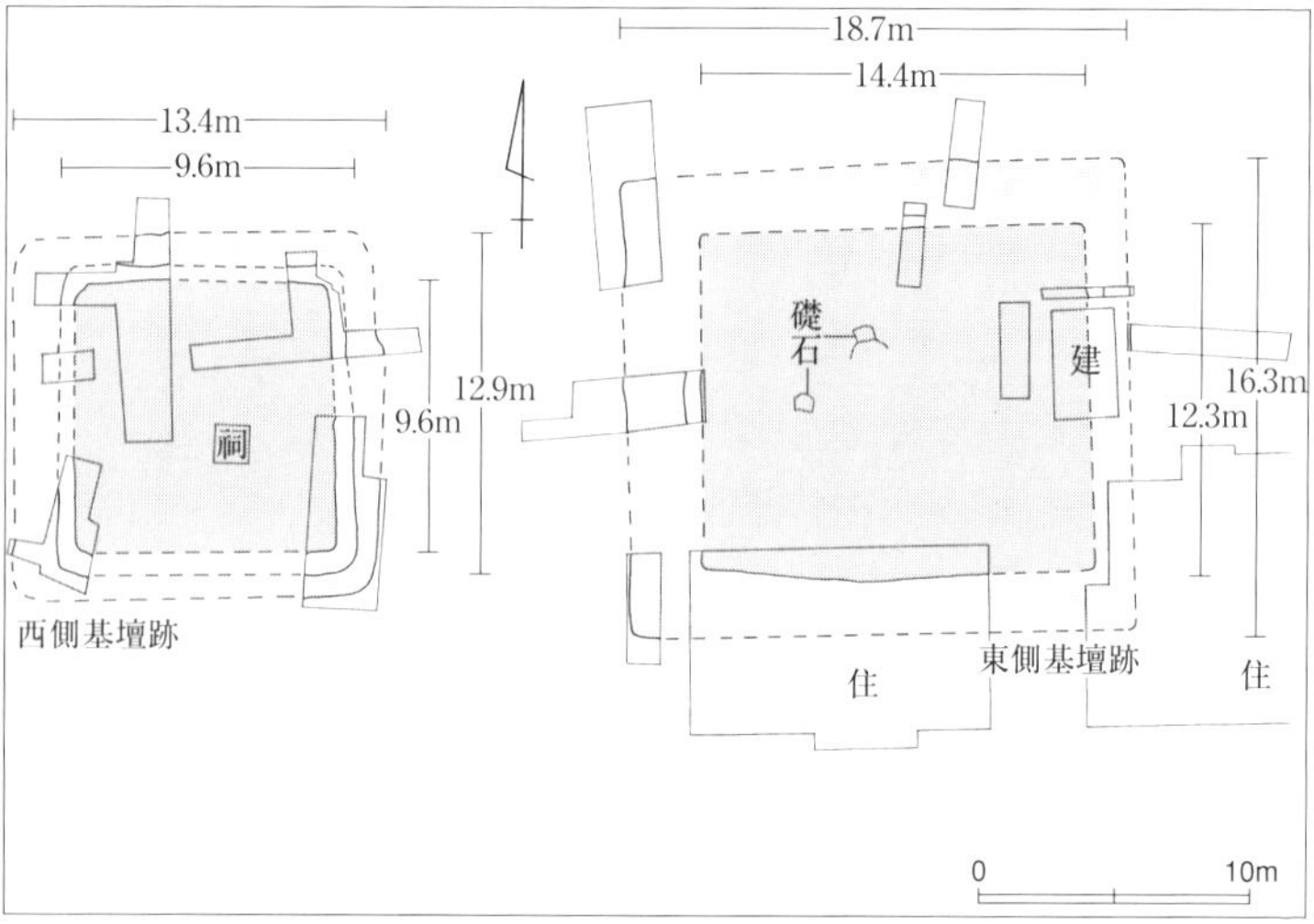

図78　基壇跡調査図（第五次調査）

まで攪乱されている状況が見られ、古代の遺構の発見にはいたっていない。

第四次調査

第三次調査の結果を基に、第四次調査については、区画施設、南側での遺構の存在、県史跡指定地内に存在し、内藤が調査の必要性を説いた土壇上の高まりの性格確認等を目標に行った。

調査の結果、指定地西側での区画施設の存在は確認できなかった。昭和三十年代にほ場整備が行われているものの、確認された土取り穴と考えられる径六メートルほどの土坑の遺存状況をみると、消失したと即断できるものではなく、なかった可能性も否定できないことから、今後別地点での調査を踏まえて、再考すべき問題と位置づけられる。

南側については、古代の遺構は確認されなかったが、古墳時代後期頃の竪穴住居跡、近世の竪穴遺構を確認している。竪穴住居跡の発見は、古墳時代の集落が広範囲に存在している可能性を示すものである。

指定地内で、礎石の残る基壇より一〇メートルほど西側に、一九〇三（明治三十六）年の建立である八幡社の小祠が存在している。この小祠のある場所は、周囲よりも一段高く、基壇の可能性が考えられていたが、礎石の存在もなく、性格は不明であった。

調査の結果、版築による盛土の存在と、基壇化粧の抜き取り痕と考えられる溝状遺構、溝状遺構の外側に存在する掘り込み地業の存在を確認し、不明とされてきたこの高まりが、間違いなく基壇であるとの確証が得られた。

第五次調査

第四次調査の結果、基壇跡が東西に並立していることが明らかとなったことを受け、基壇の規模・形状を明らかにすることを目的に実施された。

図79　礎石（昭和９年）

図81　西側基壇跡

図80　礎石（現在）

調査は、おもにそれぞれの基壇のコーナー部を確認することを主眼として、トレンチの設定を行っている。住宅や樹木の存在から、東側基壇については制約が多く存在した。

調査の結果、西側基壇が一辺九・六メートルの方形、東側基壇が東西一四・四メートル、南北一二・三メートルを測る東西に長い長方形であることが確認された。これにより、西側には塔、東側には金堂が存在すると判断され、内藤の指摘した通り、法隆寺式の伽藍配置をとる可能性が高いことが明らかにされた（五次調査のデータは、現地見学会実施時のもの）。

出土した遺物の大半は瓦である。丸瓦・平瓦が多く、軒丸瓦・軒平瓦の出土は少ないが、丸瓦・平瓦については種類も豊富であり、今後の検証が注意される。

なお、五次調査では破片資料であるが、塼仏が一点出土している。今までは表面採集されたものであったことから、今回の発見が発掘調査による初めての発見となった。

（四）遺跡の年代と位置づけ

岩越・内藤をはじめとした大正末年から昭和初期にかけての調査、関和久官衙遺跡の調査、出土および採集瓦の調査・研究、近年の発掘調査の結果を総合すると、並列する基壇、瓦・塼仏の存在等から、本遺跡は寺院跡と位置づけられ、郡衙である関和久官衙遺跡出土瓦と同様の瓦が出土することから、古代白河郡の寺院と考えられる。

創建年代については、調査結果から位置づけができる状況にはないが、瓦を供給した大岡窯跡（表郷村）における共伴須恵器の年代や、関和久遺跡の調査状況等から考えると、七世紀末頃（白鳳期）に位置づけられる可能性が高い。

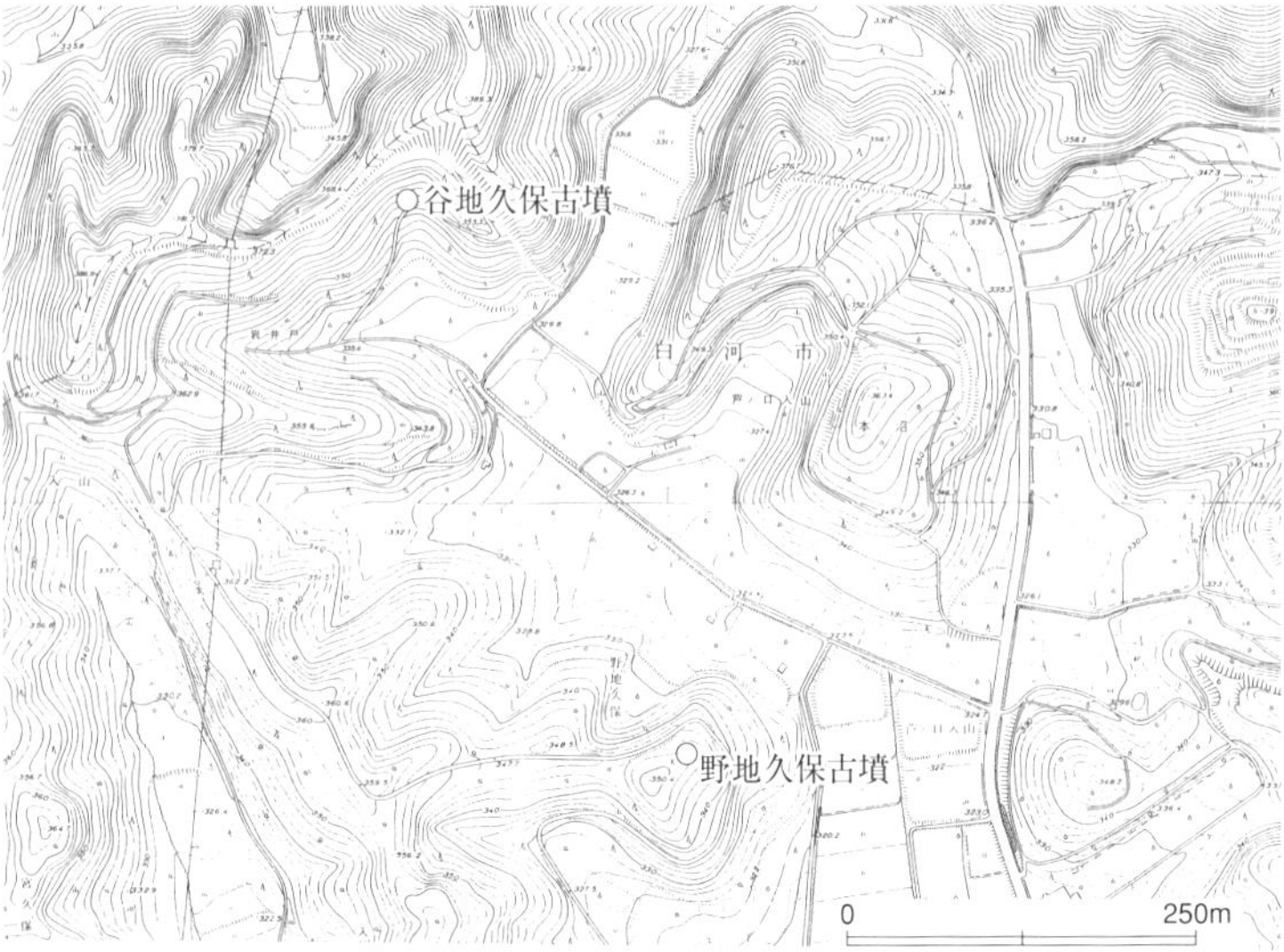

図82　遺跡位置図

具体的な寺院の伽藍配置、年代等については、今後も継続して実施する確認調査において、可能なかぎり明らかにしていきたいと考えている。

5　野地久保《のじくぼ》古墳の発見

二〇〇四（平成十六）年四月、山内幹夫、石本弘、福島雅儀の三名により、新たな古墳の存在が確認された。

発見後、二度にわたる確認作業の結果、間違いなくこの地に古墳が存在したこと、そしてこの古墳が近隣に存在する谷地久保古墳に類似した構造をもつ可能性が高いものと考えられた。

（一）　古墳の概要

古墳は、白河市の中心部より約七キロ東へ行った、白河市大字本沼字野地久保地内に存在する。

この地域一帯は、奥羽脊梁山脈から東へ延びる丘陵の東端部にあたり、標高四〇〇メートルほどの丘陵が連なっている。

古墳は、こうした東に張り出す標高三四〇メートルほどの丘陵東端部に立地している。

古墳の存在する谷には、北西方向へ四五〇メートル行った丘陵南斜面に、畿内的特徴を有した横口式石槨をともなう谷地久保古墳が存在している。また、古墳の東側の谷部には、近接して野地久保遺跡が存在する。過去の試掘調査の結果、縄文土器・弥生土器・土師器・石器が出土している近年では、古墳時代後期頃の土師器も採集されている。

（二）確認調査

山林内において確認された石材、周囲に点在する石材について、間違いなく古墳として認定してよいか、また古墳であれば埋葬施設の構築材とみてよいかの判断をするため、確認調査を実施した。

現　況　現況は杉林となっている。地形的には丘陵の先端部にあたり、人為的に土地を「コ」の字状に整形した状況がうかがえる。山林内の一角に、地面に埋まっている大きな石材（安山岩質溶結凝灰岩＝白河石）が存在しているが、石材の周囲には川原石が散乱し、墳丘の名残かとも考えられる高まりが認められる。

聞き取り調査　石材の存在確認の後、土地所有者より聞き取り調査を行った。

聞き取りによると、塚の周囲には、川原石が裾部に巡る大きな丸い塚が存在したが、一九七一（昭和四十六）年に、道路をつくる際ブルドーザーで丘を平らにした。山林に存在する切石は、当時のままである。周囲に存在する石は、当時ブルドーザーで移動したものであるとのことである。また、土地の形状については、自分の親の代から今と同じ形状をしており、手を加えたことはないという。

確認作業　聞き取り調査や現況を踏まえ、山林内で確認された石材について、古墳の埋葬施設としてよいか、また埋葬施設であった場合、天井石か床石かを明確にするため、一部表土の除去作業を行って石材の状況を確認した。あわせて、周囲に存在する石材について、現状で可能な範囲について、規模・形状の把握と石材加工の状況を確認し、埋葬施設の石材として認定できるかの判断をした。

観察結果　部分的な掘り込み（表土の除去）をともなうものの、基本的には表面における観察結果から判断した内容を以下に記す。

山林に存在する石材は、長軸一・九九メートル、短軸一・三〜一・四四メートル、厚さ七三センチを測る。上端面は平滑に、前面はやや粗く加工されている。

規模・形状・加工の状況から、古墳の埋葬施設の構築材と判断される。石材の下には、玄室となる空間はないことから床石に位置づけられる。

床石の周囲の高まりは、川原石（葺石？）の存在を含めて考えると、墳丘の一部と考えられる。

古墳の立地する丘陵の先端部は、「コ」の字状に整形された形状を示しており、谷地久保古墳のように、古墳構築時の造成の可能性が考えられる。

床石確認部分の東側に、大・小あわせて六個の石が散在している。加工の痕跡、石質から古墳の埋葬施設に用いられていた石材と判断した。このうち二個については、二〇〜六〇センチ程度の小さなもので、石質は他の石材と同様であることから、石室構築材の破砕された残骸と判断される。

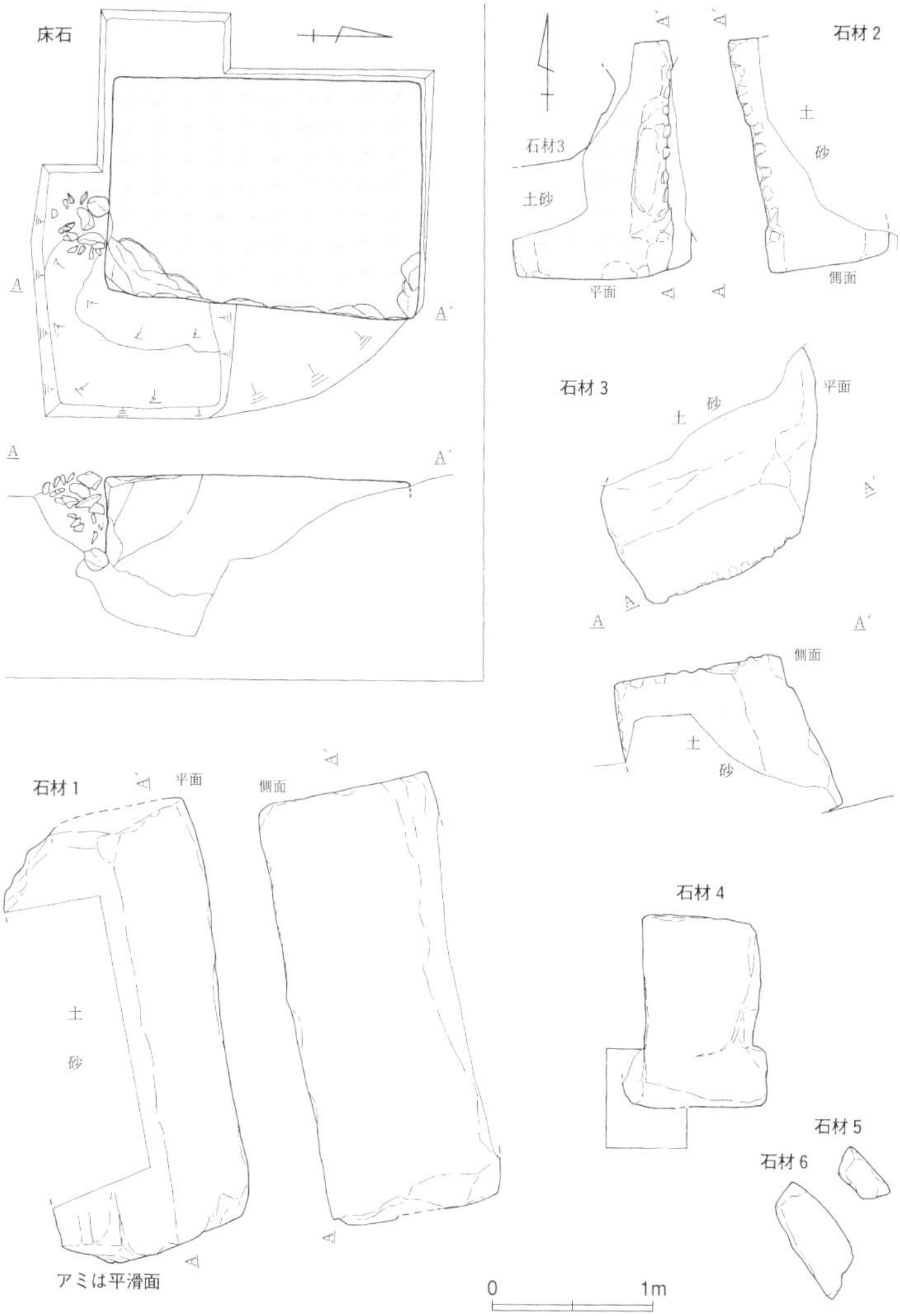

図83 床石と石材測量図

〈石材1〉最も北側に存在する。全体に加工を施しているものの、平滑な面は一面だけである。平滑面を上面とした場合の値は、長さ二・五七メートル、幅八三センチ、厚さ一・一三メートルを測る。

〈石材2〉一辺に矢穴の痕跡が残る。移動に際し、石材を小さく割った痕跡であろう。

　全体に加工を施しているものの、平滑な面は一面だけである。石材1と同様な計測をした場合、長辺一・四四メートル、短辺一・〇三メートル、厚さ八〇センチを測る。矢穴の共通性から、石材3と接合するものと判断される。

〈石材3〉全体に加工を施しているものの、平滑な面は一面だけである。一辺に矢穴の痕跡が残る。平滑面を上面とすると、長辺一・二二メートル、短辺一・一六メートル、厚さ六五センチを測る。石材2と接合する。

〈石材4〉長辺一・一メートル、短辺八七センチ、厚さ八三センチを測る。全体に加工を施しているが、他の石材のように平滑な面は見られない。

（三）埋葬施設の復元

　あくまでも表面上での観察結果ではあるが、現状で確認できた石材をもとに復元を試みたい。復元にあたっては、谷地久保古墳の石槨の状況を参考とし、平滑な加工面が視覚的に見える場所に用いられるとの前提条件で考えている。

石材の位置づけ　石材1については、長方形を呈し、長辺の規模が二・五七メートルを測る。側壁とした場合、平滑面を内側に設定すると高さが八三センチとなること、一・二メートルほど床石よりもはみ出してしまうことから、側壁の可能性は低いと考えた。奥壁か天井石かの問題となるが、奥壁とするにも高さの問題があると考えられる。

　現況では天井石と判断しておきたい。天井石と

図85　石材２

図84　床石

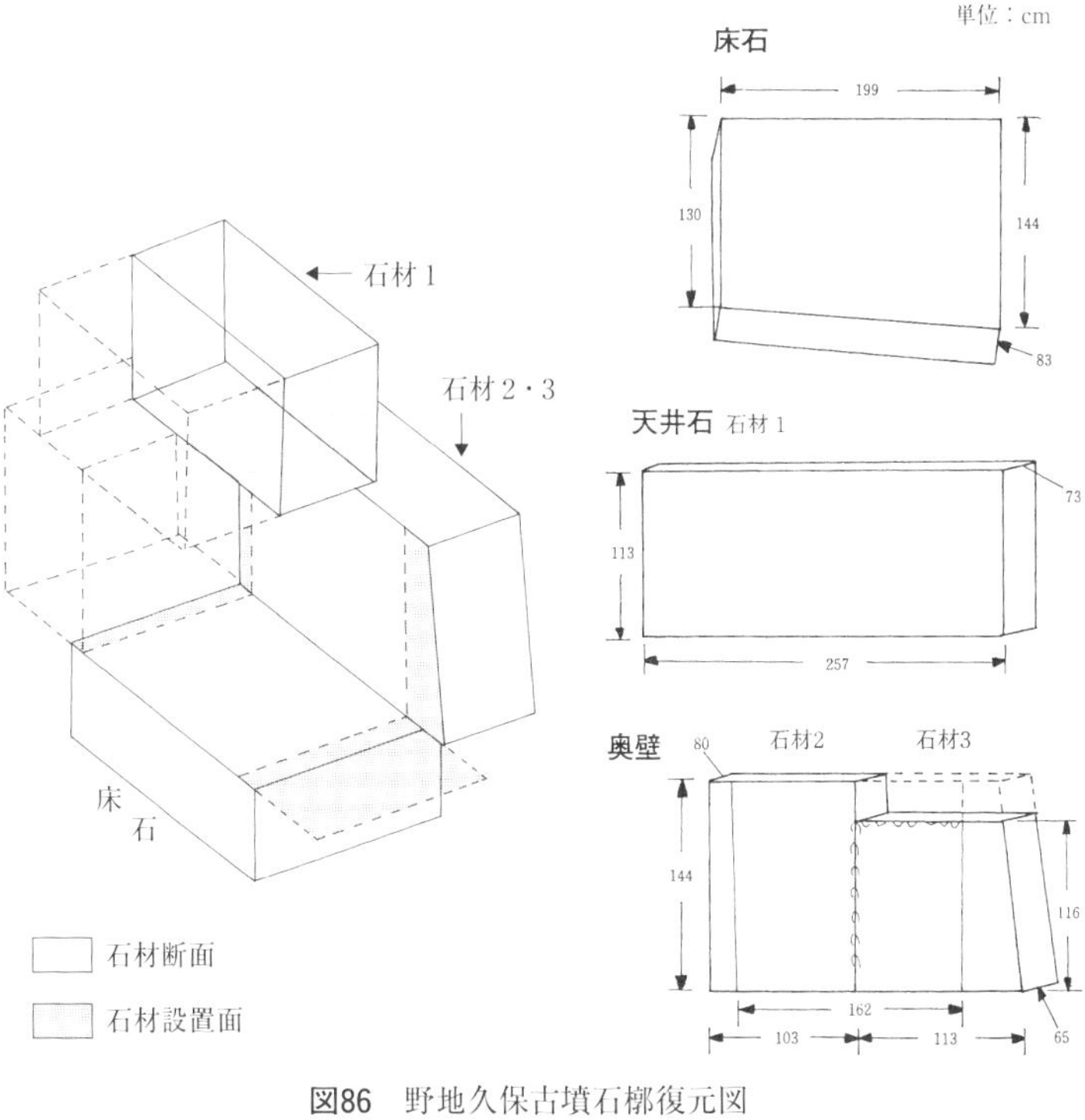

図86　野地久保古墳石槨復元図

した場合の石材の大きさは、短辺八三センチ、厚さ一・一三メートルとなる。

石材2・3については、共通する特徴の矢穴の痕跡が確認されることから、本来は一枚の石材であったと判断した。現況から、少なくとも三分割されているようである。

石材2・3の特徴を見ると、平滑面の両端部がやや粗い加工となる部分が確認されることから、この部分が側壁と重なる部分と考えられる。よって、石材2・3については奥壁の可能性が高いものと判断した。なお、平滑面の寸法は幅一・六二メートル、高さ一・四四メートルである。

石材4については、平滑な面が確認されないことから、位置の想定はできなかった。

復元内容　各石材の位置づけにもとづき、谷地久保古墳の構築方法を参考として、図86のような復元案を考えた。

構造は、切石を用いて構築された横口式石槨と考えられる。谷地久保古墳同様、奥壁・側壁の一部が床石に乗るものと思われる。天井石は、二石の可能性がある。

玄室内の規模は、幅一・六二メートル、高さ一・四四メートル、奥行一・四四メートル以下と想定され、谷地久保古墳の値と近似している。

（四）調査のまとめ

現況確認調査、聞き取り調査の結果、以下のようなことが明らかとなった。

〈立　地〉東に張り出した、標高三四〇メートルほどの丘陵先端部に位置する。谷地久保古墳同様、構築時に土地の造成を行っている可能性が考えられる。

〈墳　丘〉形状は、円墳であった可能性が考えられる。床石の周囲に川原石が散乱しているが、葺石に用いられたものと想定される。
〈規　模〉現地での地形の観察、地権者からの聞き取りから、おおむね直径二〇メートルほどと考えられる。
〈埋葬施設〉切石積みの横口式石槨。
〈出土遺物〉なし
〈年　代〉横口式石槨をともなう点で、谷地久保古墳と大差ない年代と考えられるが、谷地久保古墳との前後関係の確認は今後の課題である。

（五）古墳発見の意義

今回の野地久保古墳の発見は、切石を用いた横口式石槨をともなう古墳が、同じ谷の入口と最深部に存在していたことを明らかにした。

これは、少なくとも白河地域における盟主的な存在にある人物の墳墓を構築する場所が決められていた可能性を示唆するものかもしれない。

また、周辺部に存在する後期の前方後円墳である下総塚古墳、三年立古墳、舟田中道遺跡1号墳、終末期の谷地久保古墳の年代的変遷を考える際に、非常に重要な位置を占める存在となる。

国造制から律令制にいたる時期の、国造や郡司と古墳との関係を明らかにし得る存在として、古墳の発見は大きな意義がある。

V　今後検討を要する遺跡

ここでは、郡衙成立以前および郡衙にかかわりのある遺跡として、今後さらなる調査・研究を進め、検討を加える必要があると判断される遺跡を取り上げておきたい。

1　古墳・横穴墓

(一)　三年立《さんねんたち》古墳

舟田中道遺跡から西へ約二キロのところに位置する。阿武隈川左岸の標高三四〇メートルの丘陵東端部に立地している。

古墳は、東に張り出す丘陵の尾根部に構築されている。現状では横穴式石室が開口し、墳丘の南側およそ三分の一は、後世に削平されている。

表面観察や地形測量調査の結果から、墳形は前方後円墳と位置づけられ、全長二八メートル、後円部径一六メートル、前方部は長さが一二メートル、後円部側の幅八メートル、西端部一〇メートルと推定される。

石室は横穴式石室で、玄室内にはおよそ八〇センチの厚さで流入土が堆積している。石質は、安山岩質溶結凝灰岩（白河石）で、規模は、奥壁（一枚岩）は幅一四〇センチ、高さは推定で二二〇センチを測

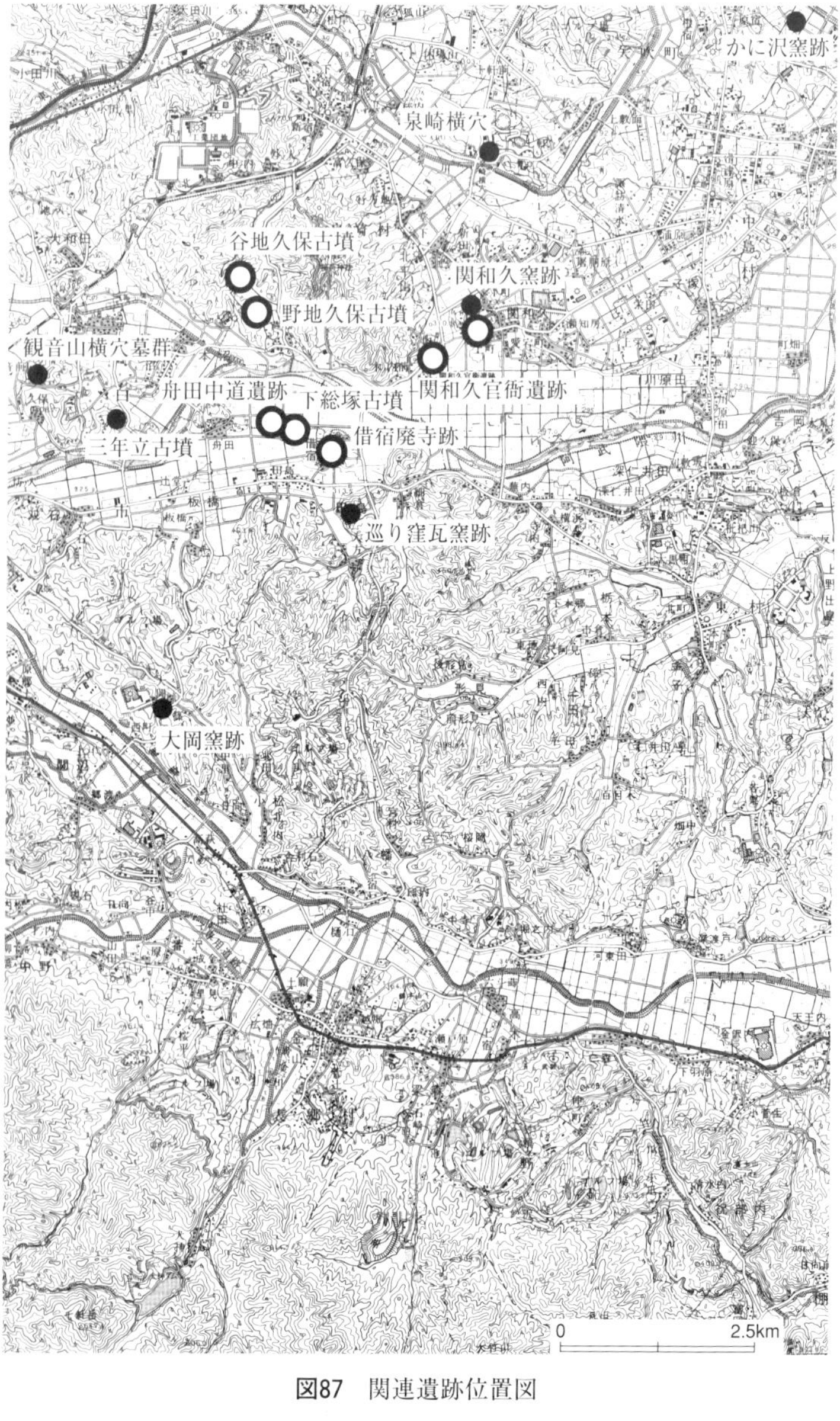
かに沢窯跡
泉崎横穴
谷地久保古墳
関和久窯跡
野地久保古墳
観音山横穴墓群
舟田中道遺跡
下総塚古墳
関和久官衙遺跡
借宿廃寺跡
三年立古墳
巡り窪瓦窯跡
大岡窯跡
0
2.5km

図87　関連遺跡位置図

図88　三年立古墳

る。側壁は、長さ三〇〜九〇センチ、高さ二〇〜五〇センチを測り、五段まで確認できた。天井石は一枚である。

遺物の出土もなく、年代については特定できないが、当地方における横穴式石室の導入時期を考えれば、おおむね六世紀後半のなかで考えられるものである。

内容が明らかになることで、下総塚古墳との関係が整理できるものと考えられ、将来的に調査が必要な古墳といえる。

(二)　泉崎横穴《いずみざきよこあな》

白河市の隣、西白河郡泉崎村に存在する。関和久官衙遺跡からは、北東へ二・六キロのところに位置する。

横穴は、泉崎村白石山・上陣場から矢吹町七軒にかけての丘陵南斜面に存在し、確認できた範囲では九基で群を構成している。

一九一四（大正三）年に二基が確認され、さらに一九三三（昭和八）年には五基が発見され、調査が行われている。

昭和八年の発見時の様子については、岩越二郎の報文によりうかがい知ることができる。これによると、最初の発見は十二月十四日で、道路改修工事中に横穴が発見され、直刀や須恵器の高杯が出土している。十九日には、後に国指定史跡となる壁画をともなう四号横穴が発見されている。

発見時は見学者も多く大騒ぎで、駐在所や地元消防団に依頼して、夜見張り番をしてもらったという。

発見された横穴の取り扱いについては、発見後まもなく地元選出の県会議員をしていた中目武功が、文部省に出かけて調査を依頼し、当時文部省嘱託であった上田三平が、歳も押し迫った二十七日・二十八日に調査に赴いている。

上田の調査の後、東北大学の伊東信雄の調査、岩越二郎・堀江繁太郎らが遺構の実測や壁画の模写を行っている。

一九八三（昭和五十八）年刊行の「七軒横穴群」の調査報告書のなかで、福島雅儀がまとめたものをもとに、壁画をもつ四号横穴について記す。

横穴は、玄室・玄門・前庭部で構成され、入口はほぼ真西に開口している。奥壁から玄門入口まで二・八五メートルを測る。玄室は長方形を呈し、東西二・三メートル、南北二・〇五メートル、高さは最大一・一六メートルを測る。立面形は家形を呈している。床には、上幅八〜一〇センチ、下幅二〇センチ、高さ二〇〜二五センチを測る堤と、幅一〇〜二〇センチ、深さ三センチを測る排水溝が「T」字状に掘られている。

玄門は、幅七〇センチ、高さ七四センチ、奥行六〇センチのアーチ状を呈している。入口側で、側面と天井部

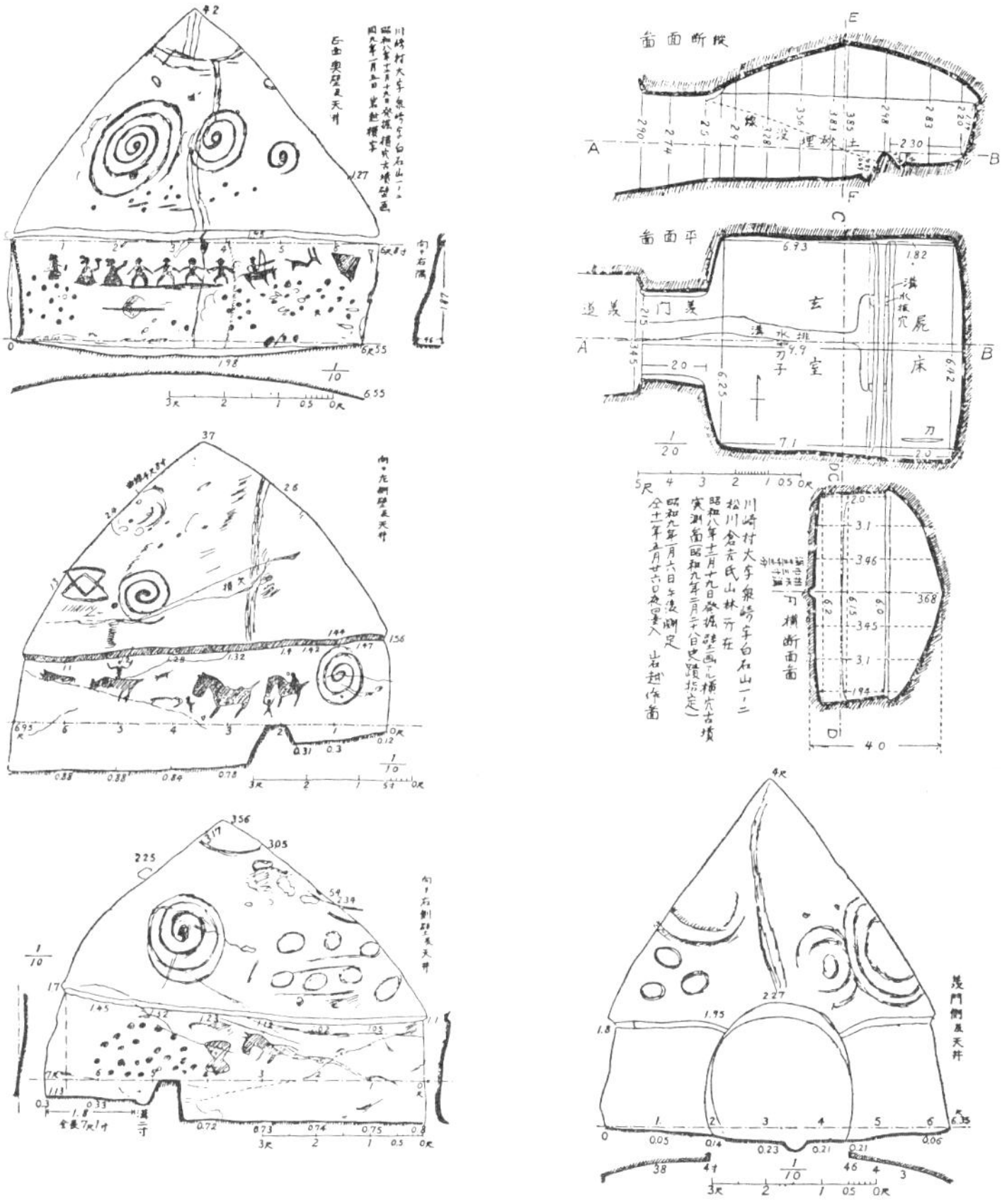

岩越二郎実測図

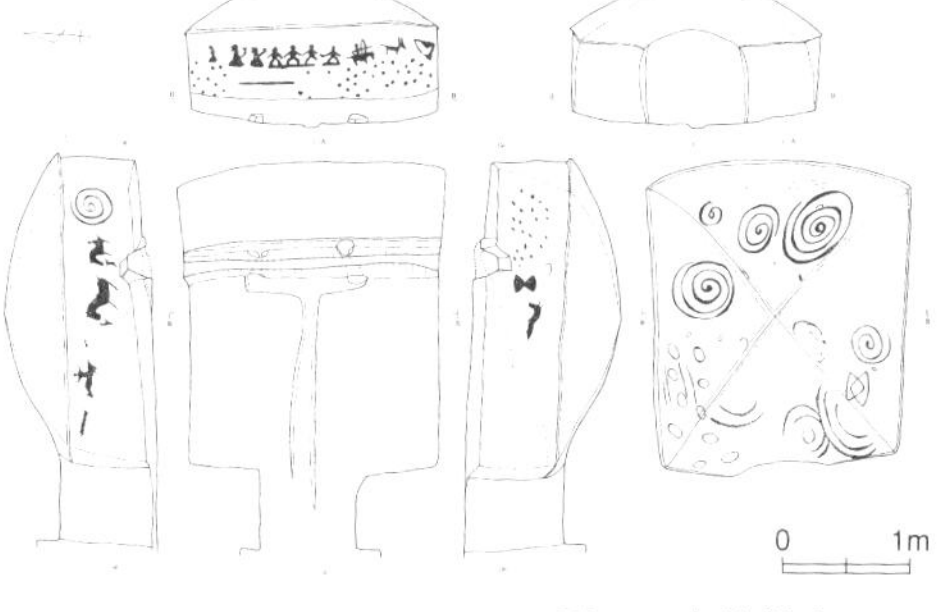

「七軒横穴群」

図89　泉崎横穴

に幅四センチの縁取りがあり、板石を用いて閉塞していたものと考えられている。

壁画は、天井部と東・北・南の三壁面に描かれている。絵画は赤色顔料で壁面に直接描いており、線刻や縁取りはない。

奥壁には、中央に手をつないで股を開いた姿の四人の人物、左側にはスカート様の衣服を着た三人の女性がおり、うち二人は顔の高さまで高杯のような形のものをもち上げている。四人の人物の右側には、馬に乗り弓で鹿を射ろうとしている騎馬像と一頭の動物が描かれている。人物の下には横線と、点が群をなして描かれている。

側壁にあたる北壁・南壁は、いずれも玄門よりの下側の壁面が失われている。玄室の左側にある北壁には、渦巻・四頭の馬、人物（騎馬像と馬丁）が描かれている。渦巻は玄室の奥側、屍床の上に描かれている。

南壁は、奥側に点群、その手前に馬と不明確な器材が描かれている。

家形を呈した天井部では、奥壁側に三個の渦巻（中心に向かって左巻き）と点文が、北壁側では渦巻と三角文・点文、南壁側では渦巻・円文、入口側の西側では、渦巻・円文が描かれている。

年代的には、六世紀後半から七世紀にかけての時期が考えられている。

壁画の解釈、被葬者、年代については、さらに検討を要するものと考えるが、下総塚古墳などとの関係が注意される遺跡である。

（三）観音山《かんのんやま》横穴《よこあな》墓群《ぼぐん》

阿武隈川左岸に存在する独立丘陵の南に面した斜面に存在する。舟田中道遺跡からは、西へ約三キロ離れている。

一九七二（昭和四十七）年、二〇〇三（平成十

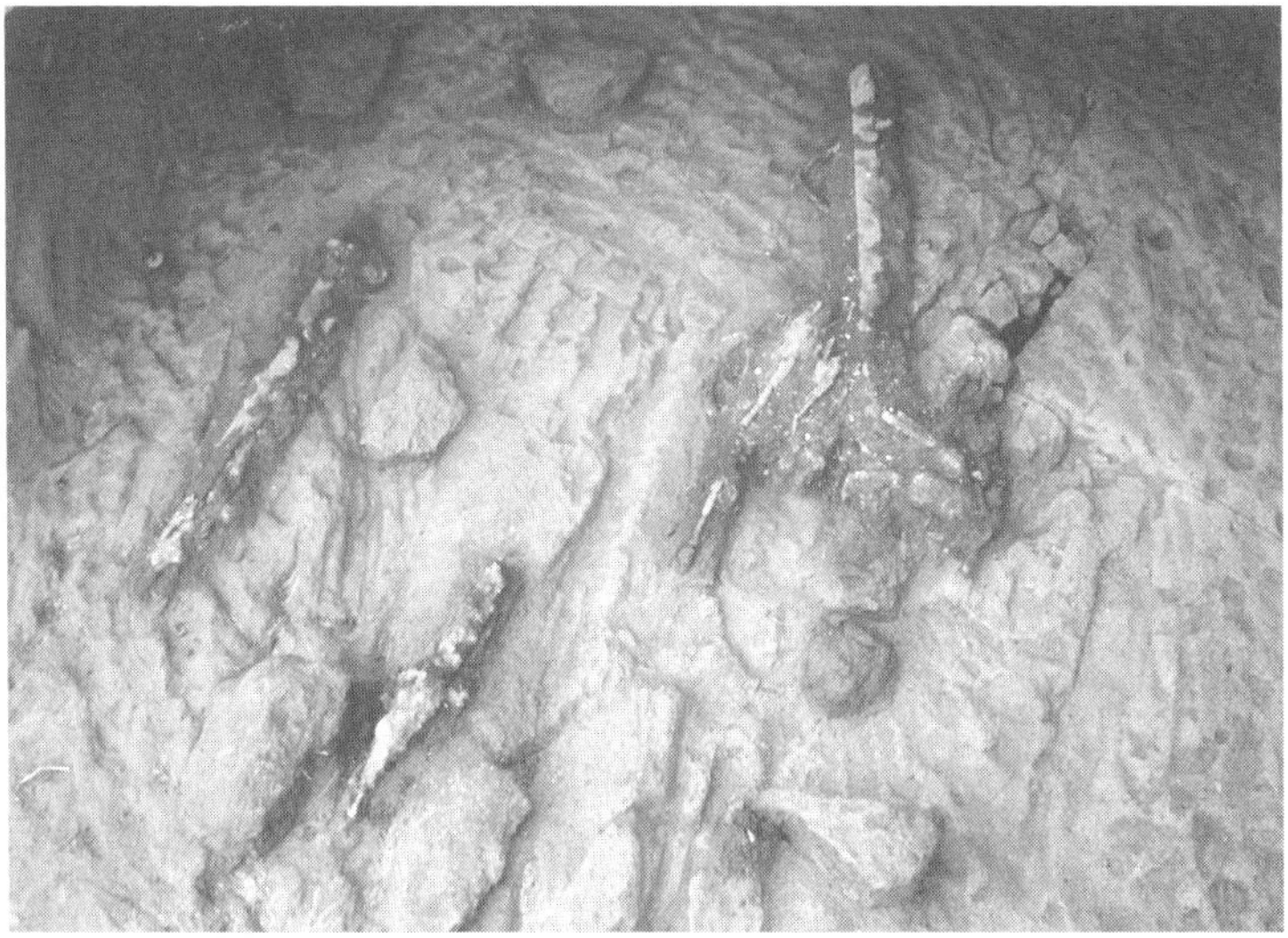

図90　観音山横穴墓群９号墓遺物

五）年に、確認された一〇基の横穴墓のうち、八基について調査が行われた。

とくに、一号〜四号・七号・九号墓からは、直刀・金銅装の大刀をはじめ、馬具・鉄鏃・耳環などが出土している。福島県内を見ても、金銅装の大刀の出土は少ないことから、被葬者の位置づけが問題となる。

出土した土器や鉄刀などの特徴から、六世紀末葉から八世紀前葉頃にかけて形成されたと考えられており、下総塚古墳や関和久官衙遺跡などの成立時期とどのような関連が想定できるか検討を要する。

2　瓦窯跡

（一）　大岡《おおおか》瓦窯跡《かわらかまあと》

西白河郡表郷村大岡に位置する。借宿廃寺跡か

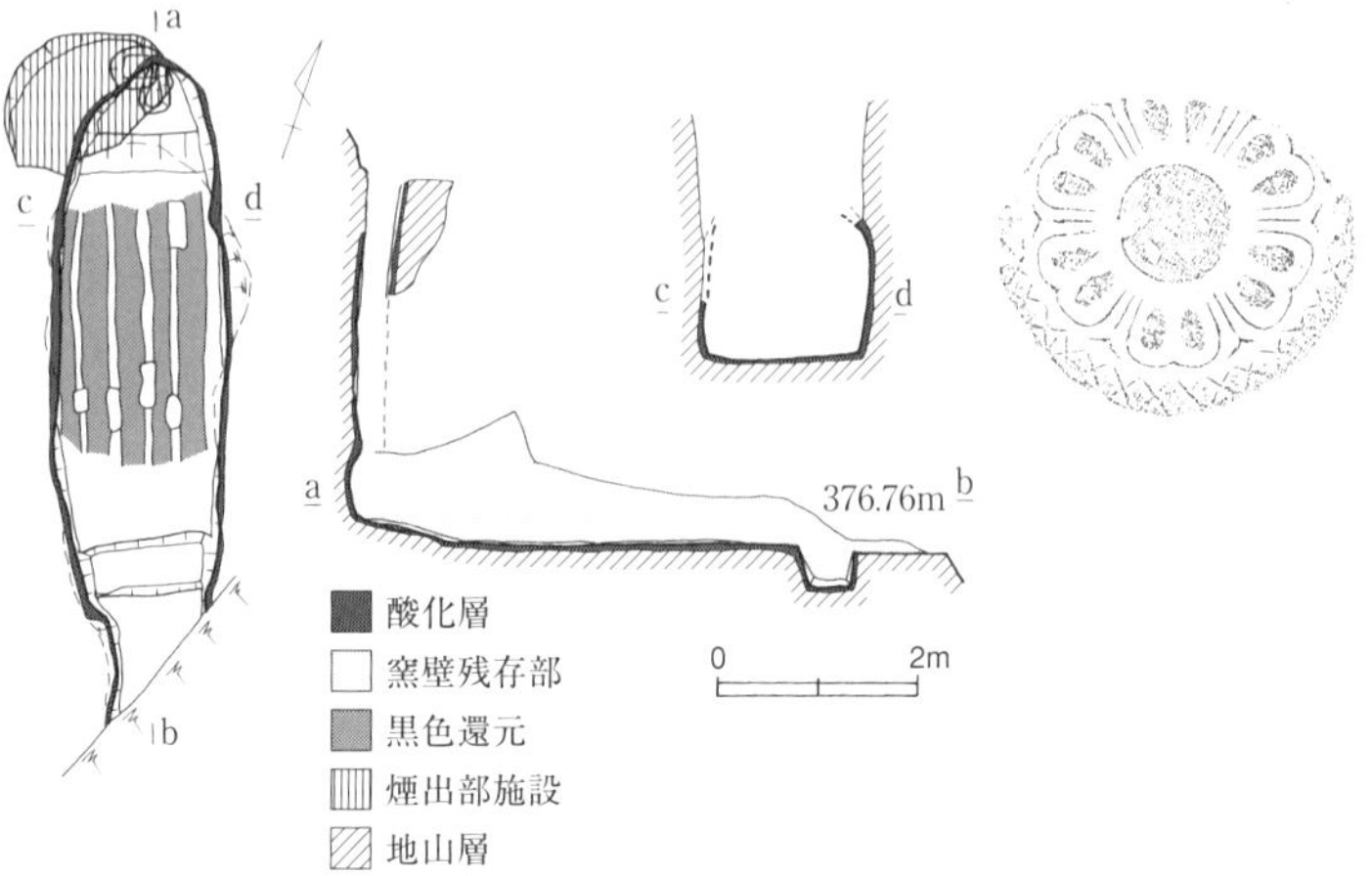

図91　大岡窯跡と出土瓦

ら南西に三・七キロのところである。一九六三（昭和三十八）年・八四（同五十九）年に発掘調査がなされ、三基の瓦窯跡の存在が確認されている。

　昭和五十九年調査の三号窯跡は、地下式平窯で残存長六メートル、燃焼室一・二メートル、焼成室四・八メートルを測り、焼成室の幅は中央部で一・六メートルを測る。窯体の高さは、残存値で一・二メートルを測る。

　焼成室床面上には、瓦片が数多く残されており、軒丸瓦・平瓦・丸瓦・塼が出土している。軒丸瓦は複弁六葉蓮華文瓦で、直径が一九センチ、中房は径六センチを測る。塼については、焼成品と同様なものは現在のところ確認例がないことから、用途は明らかではない。

　須恵器の甕は、三号窯跡の南側二メートルのところに存在する瓦溜より出土している。

　三基の窯跡のうち、一基は須恵器を中心に焼成した窯跡と位置づけられており、この窯より出土した須恵器蓋等の特徴から、窯跡は七世紀末葉から八世紀初頃の時期が考えられ、古代白河郡衙や寺院の創建にともない焼成された瓦と位置づけられる。

昭和三十八年出土の資料も含め、今後の資料整理と調査研究が必要な遺跡である。

（二）関和久窯跡

関和久上町遺跡の北側、およそ四〇〇メートルの丘陵北斜面に存在する。道路工事の際の掘削、土取り工事の際の掘削面において、窯跡の断面が露出していることから、一号～四号窯跡の存在が確認された。五号窯跡は、熱残留磁器測定で推定された場所で、考古学的には存在を確認していない。

調査は、関和久上町遺跡の確認調査の一環として、一九八三（昭和五十八）年に福島県教育委員会により実施された。

一号窯跡は、三号窯跡よりも新しい。焚口部は削平されており、確認できた長さは、四・八メートルである。半地下式の窖窯《あながま》で、焼成部床面は、長さ四・〇五メートル遺存している。床面の最大幅は、一・四五メートル、傾斜角度は二〇～二二度を測る。床面上より、丸瓦・平瓦が出土している。

三号窯跡は、地下式無段窖窯である。残存長六・三メートル、焼成部幅一・六メートル、深さは、確認面より二・三メートルを測る。床面の傾斜角度は、約二〇度である。

軒丸瓦・軒平瓦・丸瓦・平瓦・熨斗瓦が出土している。軒丸瓦は七点出土し、すべて同笵と判断された細弁蓮華文瓦である。軒平瓦は一七点出土しており、いずれも珠文縁鋸歯文瓦である。丸瓦は、無段、有段の二者があり、両者とも粘土紐桶巻二枚作りと考えられている。平瓦は、縄タタキが見られるものである。粘土板一枚作りと考えら

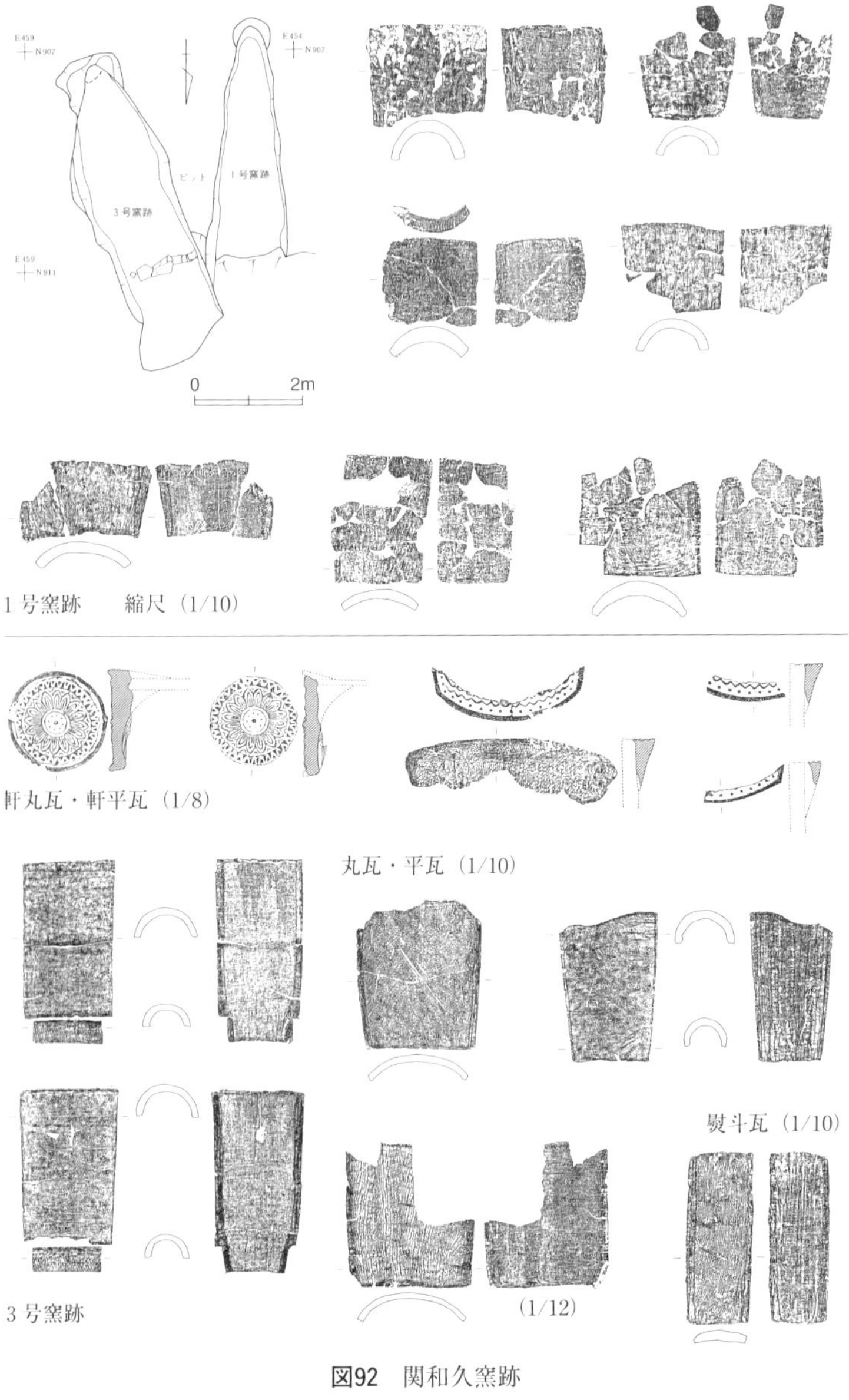
E459
N907
E454
N907
ピット
1号窯跡
3号窯跡
E459
N911
0
2m
1号窯跡　縮尺（1/10）
軒丸瓦・軒平瓦（1/8）
丸瓦・平瓦（1/10）
熨斗瓦（1/10）
3号窯跡
(1/12)

図92　関和久窯跡

れる。熨斗瓦は、凸面に縄タタキ、凹面に布目、糸切り痕、粘土板合せ目がみられる。

切り合い関係から、窯の構造は地下式窖窯から半地下式窖窯への変遷がたどれ、年代的には一号窯跡が八世紀後半以降、三号窯跡が八世紀後半頃と考えられる。なお、両窯跡の熱残留磁器年代測定の結果は、一号窯跡がAD七六〇年、三号窯跡はAD七五〇年との結果がでている。

郡衙に瓦を供給した窯跡であるが、現在のところその一部だけが明らかにされているにすぎない。どのような場所への供給があったのか、郡衙の変遷を探る上でも、今後全容解明が必要な遺跡である。

（三）　かに沢窯跡

関和久官衙遺跡より、北東へ約六・二キロ離れた、西白河郡矢吹町中畑に位置する。

昭和三十年代に、かに沢に瓦が存在することが知られていたようであるが、さほど注意はされなかった。一九六五（昭和四十）年に、ほ場整備事業に先立つ表面調査において、瓦の散布と農道法面に焼土の存在が確認され、瓦窯跡の存在が明らかとなった。

一九七三（昭和四十八）年に、ほ場整備事業にともなって調査が実施された。三基の瓦窯跡の存在と瓦溜、竪穴住居跡が確認されているが、窯跡は一基だけの調査で止まっている。

瓦窯跡は、地下式構造で焚口から奥壁までの長さ五・五メートル、幅一・三メートルを測り、床面の傾斜角度は二三度である。天井部は陥没し、側壁が七〇センチ残存していた。

ロクロ挽き重弧文軒平瓦、丸瓦、平瓦が出土しており、平瓦には格子タタキがみられ、「寺」のヘラ書きが見られる。

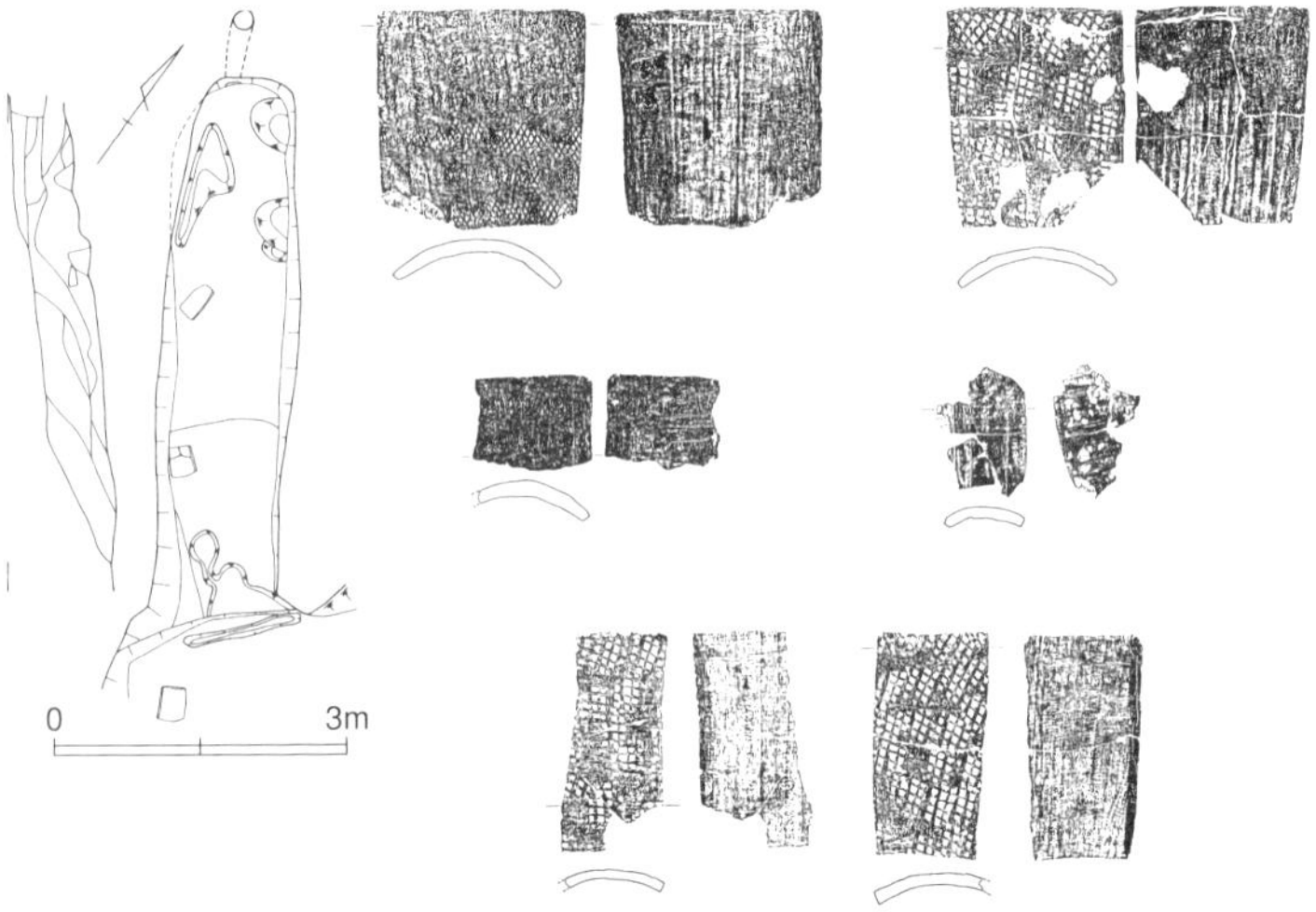

図93　かに沢窯跡

関和久官衙遺跡、借宿廃寺跡へ供給した瓦を焼成した窯跡と位置づけられている。本窯跡焼成品は、関和久官衙遺跡、借宿廃寺跡において確認されている。

詳細について不明な点があり、どのような変遷をたどり、郡衙や寺院とかかわっていたのか、今後再検証が必要と考えられる。

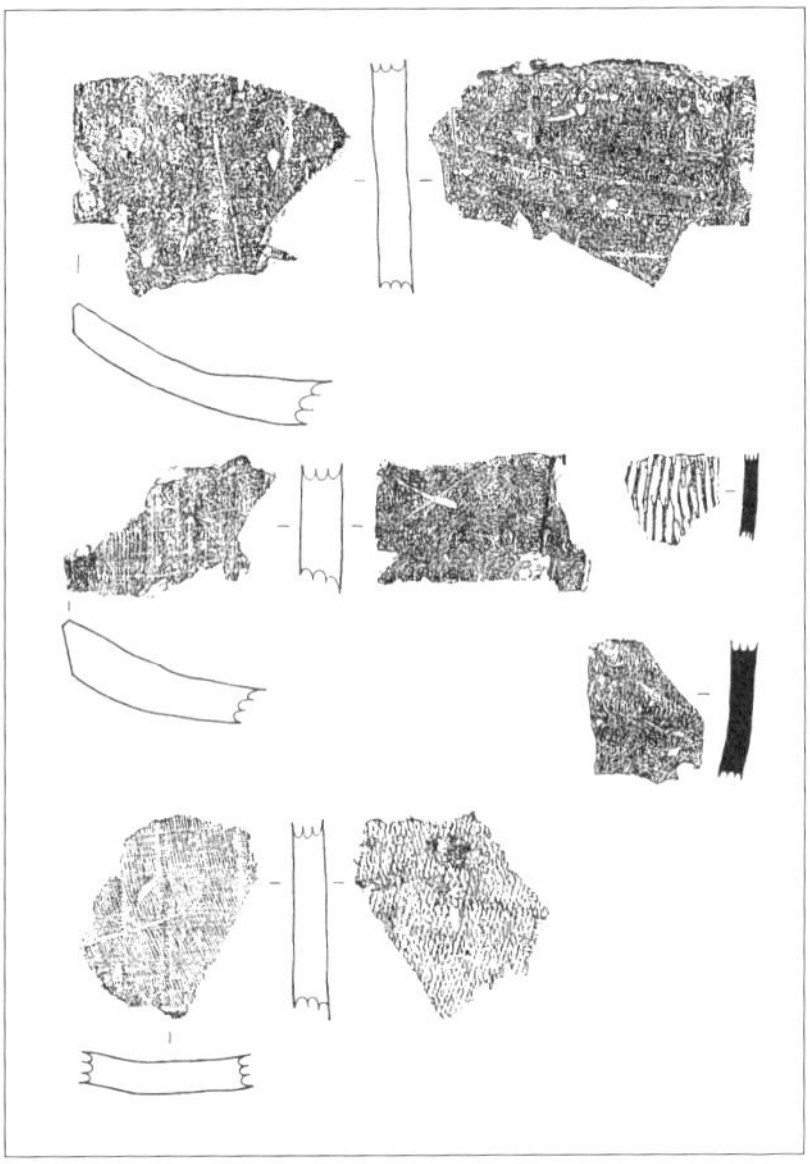

図94　巡り窪瓦窯跡

（四）巡《めぐ》り窪《くぼ》瓦窯跡

借宿廃寺跡の南方、およそ八〇〇《メートル》のところに、龍害館跡《りゅうがいたてあと》が存在している。位置の特定はできないが、この館跡の南斜面において、昭和初期に岩越二郎が瓦を採集している。

瓦はいずれも平瓦で、関和久官衙遺跡での分類で、創建期に用いられた瓦と位置づけられた瓦に類似している。他の窯跡との相関関係も問題となることから、窯跡の場所の特定を含め、窯跡の内容解明が必要と判断される。

なお、巡り窪より南へ五〇〇《メートル》のところに、須恵器が多く採集され、窯跡の存在が想定される長《なが》峰《みね》遺跡があるが、巡り窪と同様に内容の確認が必要となる遺跡と認識される。

Ⅵ　遺跡群のつながり

古代白河郡の中枢である郡衙と、その周辺に位置し郡衙成立の要因ともなるべき遺跡群、そして郡衙とともに存在し、関連を有していた遺跡群について、発掘調査により明らかにされた様相についで述べてきた。

ここでは、発掘調査により明らかとなった内容をもとに、遺跡群を年代順に整理し、それぞれの位置づけと遺跡間の結びつきについて、考えてみたいと思う。

まず、六世紀後半頃に位置づけられるのが下総塚古墳である。この古墳は、現在東北地方において確認されている後期古墳では、最大規模を誇る前方後円墳であり、埴輪を樹立するなど、墳形・規模・埴輪の存在からしても在地勢力の最有力者の墳墓と考えられる。六世紀という年代からして、『先代旧事本紀』の「国造本紀」にみられる白河国造墓の最有力候補に挙げられる。

墳形は、栃木県や群馬県において確認されている基壇をもつ古墳に共通する形状を示しており、今後古墳成立の背景を考える上で、重要な要素となる。

下総塚古墳に先行する有力古墳は、古墳の周囲には見られず、古墳より一〇キロ東方の石川郡石川町において確認され、前方後円墳三基、円墳六基で構成される大壇古墳群の一号墳（六世紀前半代）となることから、白河地域における最大勢力の地位が白河市の東部地域に移ったのは、下総塚古墳の被葬者の段階と考えられる。

下総塚古墳と、同様な時期の構築と考えられるのが、三年立古墳である。また、泉崎横穴・観音山横穴墓群の開始時期も同時期に位置づけられることから、下総塚古墳成立の背景にある社会構造の解明のためにも、今後これらの遺跡が、下総塚古墳に対して、年代的・性格的にどのような位置関係に当たるのかを検証する必要がある。

次に六世紀後半から七世紀前半に位置づけられるのが、舟田中道遺跡で確認された豪族居館跡である。

居館跡については、およそ半分がすでに消失している状況で、また他の時期の遺構群との重複が多いこともあり、遺構の遺存状況はかならずしもよいとはいえない内容であった。張り出しを有する溝で区画され、内部に柵列をともなう。柵列内部に居館を構成する遺構群が存在する形態は、前段階にみられる居館跡に共通するものである。

柵列の内側には、竪穴住居跡六棟と柱列の存在を確認できたが、規模・内容から特出されるものは確認されていないことから、中心となる施設はすでに消失してしまっている西側から北西部に存在していた可能性が高いものと判断された。

現在、全国で確認されている居館跡のなかで、張り出しを有する区画施設によって、土地を区画する形態をとる居館跡としては、最終段階に位置づけられるものと考えられる。

年代的には、下総塚古墳に後続する時期と判断しており、下総塚古墳被葬者の次代を担った豪族

（白河国造）の本拠と考えられる。

なお、居館跡の主の墳墓としては、直径が二〇メートル《メートル》を測る円墳で、横穴式石室をともなう舟田中道一号墳が候補に挙げられる。遺物の出土が少なく、年代の位置づけにやや弱い点はあるが、おおむね七世紀中葉を中心とした時期の可能性が考えられており、位置的にも下総塚古墳に隣接して群を構成していたととらえられる。さらなる検証が必要である。

七世紀後半ないし七世紀末頃に成立したのが古代白河郡衙である関和久官衙遺跡・関和久上町遺跡、郡の寺院と考えられる借宿廃寺跡、畿内的な特徴の横口式石槨をともなう谷地久保古墳である。

関和久官衙遺跡、関和久上町遺跡は、阿武隈川の対岸に位置している。郡衙の造立にあたり、前時代の豪族の本拠地である阿武隈川右岸側とせず、対岸側とした背景には、地形的要因が大きく働いている可能性が高い。

その一つとして、河川を利用した物資運搬が挙げられる。右岸側の河岸段丘にくらべ、左岸側沖積地の微高地を選定した方が、舟の引き入れおよび物資の揚げ降ろしは効率的であったのであろう。北側官衙ブロックと南側の正倉院との間には、阿武隈川と繋がっている旧盆どの川が存在し、これを利用した可能性は高い。正倉院が、北側の台地上ではなく、南側の低地に存在することも舟運を考慮してのことと考えられる。

対岸とはいえ、近接した位置関係からして、白河郡衙は前時代における在地の最有力豪族（国造）の本拠地に造営されたことに変わりはない。

舟田中道遺跡における豪族居館の廃絶後、三〇〜四〇年後に成立したと想定されるのが白河郡衙である。やや時間的経過はあるが、『日本書紀』

孝徳天皇大化二年一月一日の「改新の詔」にみえる郡司の任用規定を当てはめてみれば、郡衙の設置にあたって郡司に登用されたのは、舟田中道遺跡を本拠としていた国造の子孫と推測される。

借宿廃寺跡については、考古学的な調査に着手し、ようやくその内容の一端が明らかとなってきた段階であり、まだ多くを語れる状況にはないが、郡衙とは異なり、前時代の豪族の本拠側に建立されている。寺院の建立位置、福島県内の他地域における寺院の調査成果を参考にすると、郡衙に先行して建立された可能性が考えられる。

郡衙同様、その建立には舟田中道遺跡を本拠とした豪族（白河国造）の子孫が深くかかわっていたのであろう。

郡衙・寺院へ瓦を供給したのが大岡瓦窯跡、関和久窯跡、かに沢窯跡である。辻秀人により、瓦の分類が行われ、それぞれの窯跡での焼成品の位置づけがなされている。

大岡窯跡の焼成品は、関和久官衙遺跡、関和久上町遺跡、借宿廃寺跡より出土しており、それぞれの遺跡の創建期に用いられた瓦を焼成した窯跡と位置づけられている。

関和久窯跡三号窯での焼成品は、今のところ関和久においての確認で、八世紀後半頃の郡衙において用いられたものであろう。

一号窯の焼成品は、今のところ上町遺跡で一点確認されているだけであることから、修復などの臨時的な需用に応じた焼成の可能性が指摘されている。

かに沢瓦窯跡焼成品は、関和久遺跡、借宿廃寺跡で平瓦の資料が確認されているものの、窯跡の詳細が不明であり、再検証が必要である。

このほか、瓦の採集がなされている巡り窪瓦窯跡も創建期の瓦を焼成した窯跡の可能性があり、須恵器窯の可能性がある長峰遺跡も含め、より郡衙・寺院に近い場所に存在する窯跡としての内容確認が求められよう。

　谷地久保古墳については、これまでの研究、あるいは発掘調査の成果により、畿内的特徴をもつ横口式石槨との認識がなされてきた。被葬者については畿内勢力による支配体制の核となった盟主的な人物が想定され、推定される年代から、国造や郡司といった人物であった可能性が高い。

　新たに発見された野地久保古墳についても、現段階では谷地久保古墳に近似した構造をもつ古墳と想定されており、年代も谷地久保古墳と大差ないものと認識されている。被葬者像も、谷地久保古墳と同じであろう。

　このように、構造・被葬者像が同様な内容をもつ古墳が、同じ谷の入口と最奥部に存在していることは、この谷が少なくとも二代にわたっての墓域であったことを示しているものと解釈される。

　一つ一つを見ると、決して遺存状況のよい遺跡群とはいえないものの、これらの遺跡群は、大化改新を挟んで、国造制から律令制へと日本の社会構造が大きく変化する時期に、白河という地を舞台に活躍した地方豪族の足跡を、遺跡としてたどることのできる全国的に見ても稀有な存在と位置づけられる。

　そして、古墳・居館・郡衙・寺院が、半径二キロのなかに存在している事例は、全国的に見ても他に例にないことである。それまで点としての存在であったものが、一つの遺跡での発見が、線として結ぶことを可能にした点に、大きな意義がある。

Ⅶ　遺跡群の今後と課題

今回取り上げた遺跡群については、文献上で江戸時代から存在が確認され、注目されてきた遺跡がいくつか存在する。このことは、大正末年より昭和初期における瓦の採集や寺院の調査、古墳の調査にも影響を与えるものであった。

こうした早い段階での遺跡に対する調査研究と、重要性についての評価があり、その後借宿廃寺跡、谷地久保古墳の史跡指定へと繋がったことは、先人達の遺跡に対する情熱以外の何ものでもなく、ただただ敬服するばかりである。

白河地域において、その中枢としての役割を担った遺跡群については、一九七二（昭和四十七）年の関和久遺跡の調査を皮切りに、現在までのおよそ三〇余年にわたり、調査研究が継続されてきている。そして、その調査の蓄積により、古代白河の実像が、少しずつ姿を表してきたのが、現在の状況である。

関和久官衙遺跡は一九八四（昭和五十九）年に、下総塚古墳・舟田中道遺跡・谷地久保古墳は、白河舟田・本沼遺跡群として、二〇〇五（平成十七）年七月十四日に国史跡の指定を受け、保存が図られるようになった。

借宿廃寺跡については、将来的な国史跡指定を目指して、平成十五年より調査が開始され、三年目を迎えている。

ようやく、資料が出揃いつつある今、保存が図られた遺跡群について、どのように活用を図るべきか。相互に関連しあうものの、性格が異なる遺跡群について、その結びつきをどのような形で表現すべきか。多くの課題が残されているのが現状である。

各遺跡の内容解明については、どうであろうか。それぞれに調査が進み、遺跡の性格の一端を垣間見ることはできたものの、残された課題は多く存在している。

まず、全体的な時間の経過を見ると、下総塚古墳被葬者の出現時期が問題となる。古墳の築造年代の検証も然りである。

次に、舟田中道遺跡の居館跡の構造を、どのように復元的に考察するかである。遺存状況が悪いなか、さらに検証を加える必要があろう。

居館の廃絶から、郡衙成立まではおよそ三〇～四〇年程度の時間幅を想定したが、間を埋める豪族の活動の痕跡を見つけなくてはならない。そういう意味でも、七世紀末頃に成立したと想定されている関和久官衙遺跡について、開始時期の確認をさらに進める必要がある。また、郡の中心施設である郡庁院の特定、関和久上町遺跡の性格・範囲の特定などの問題については、新たに遺構の確認された範囲を含め、総合的に検証を加えるための作業が必要となってくる。

関和久官衙遺跡の指定からおよそ二〇年。指定以後の新たな情報が加味されないまま、ある種の関和久像ができ上がっている観がある今、あらためて原点に立ち返り再検討が必要なのではないだろうか。そして、そこから導き出された答えをもとに、今後関和久官衙遺跡・関和久上町遺跡について、何を目的に検証しなければならないのか、その指針をつくるべきと考える。

多くの人びとがかかわり、それぞれの想いを胸に抱いて調査・研究を進めてきた現実がある。この多くの人びとが蓄積した内容について、現在の目で整理してみることの必要性を感じる。

それは、古代白河の中枢を担った遺跡群が、国指定史跡という冠を戴き、永久に保存が図られることを実現した先人達の努力に対して、現代に生き、間近に遺跡群を見ているわれわれが、次の世代に引き継ぐためにしなくてはならない役割と認識するからである。

陸奥国唯一の大郡である白河郡。その成立の背景と表舞台である郡衙・寺院の姿、それを支えた社会構造の実像を解明しその姿を再現すること。これは、遺跡群が地域に根ざした文化財であることはもちろん、地域に生きる人びとの誇りであり、二十一世紀の大きな夢を語る場であると確信するからである。

実現に向けた長い道のりの第一歩を、今踏み出した思いである。

白河市歴史民俗資料館

住所　〒961-0053　福島県白河市中田 7-1
電話　0248-27-2310　FAX　0248-27-2256

開館時間　午前 9 時～午後 4 時
休 館 日　月曜日、祝日の翌日、12 月 28 日～ 1 月 4 日
観 覧 料　無料（企画展観覧料は別に定める）
交通案内　東北新幹線新白河駅下車、東北本線白河駅下車。福島交通バス石川行き又は棚倉行きにて、文化センター前下車。
展示内容　縄文時代から江戸時代までの白河の歴史、文化を常設展示で紹介。下総塚古墳、舟田中道遺跡、借宿廃寺跡出土資料も展示。テーマに基づく企画展、収蔵品展も開催。
収 蔵 品（考古資料）

◆**岩越二郎コレクション**　関和久遺跡、借宿廃寺跡より出土した瓦を始め、全国各地の寺院跡から出土した瓦、全国各地の国分寺跡等から出土した瓦の拓本、銅鐘や板碑の拓本等。

◆**藤田定市コレクション**　白河市近郊より出土した資料が主体を占める。昭和 25 年に発掘調査が行われた天王山遺跡出土資料は、「天王山式土器」として東北地方南部における弥生時代後期の標識資料となっている。

◆**斎藤コレクション**　借宿廃寺跡の瓦。

福島県文化財センター白河館（愛称まほろん）

住所　〒961-0835　白河市白坂一里段 86
電話　0248-21-0700　FAX　0248-21-1075
http://www.mahoron.fks.ed.jp/

開館時間　午前 9 時 30 分～午後 5 時（入館は午後 4 時 30 分まで）
休 館 日　月曜日（国民の祝日の場合は火曜日）、国民の祝日の翌日（土曜日・日曜日にあたる場合は開館）、12 月 28 日～ 1 月 4 日
観 覧 料　無料。但し体験学習では実費が必要なもの（勾玉づくり・ガラス玉づくりなど：100～400 円程度）と無料のもの（時代衣装を着る、原始機織りに挑戦するなど）がある。
交通案内　東北新幹線新白河駅、東北本線白河駅より、福島交通バス（まほろん・市民球場・白坂行き）まほろん下車。または JR バス（棚倉行き）南湖公園下車徒歩 25 分
東北自動車道白河 I．C から車で 20 分
内　　容　「遺跡から学ぶ自然と人間のかかわり」をメインテーマとして“見て・触れて・考え・学ぶ”体験型フィールドミュージアムを目指している。埋蔵文化財の収蔵・保管活用／文化財に親しむ体験学習／文化財に関する情報発信／文化財を担当する市町村職員等の研修／文化財の展示と教育普及　など

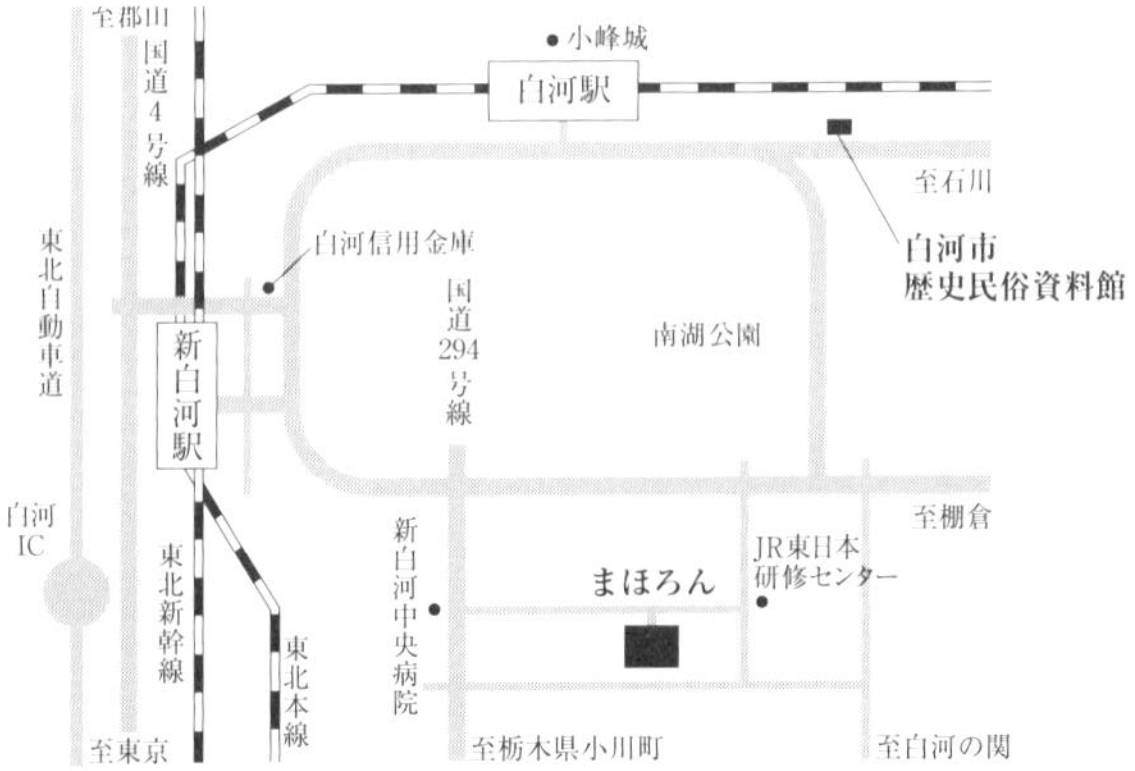

施設案内

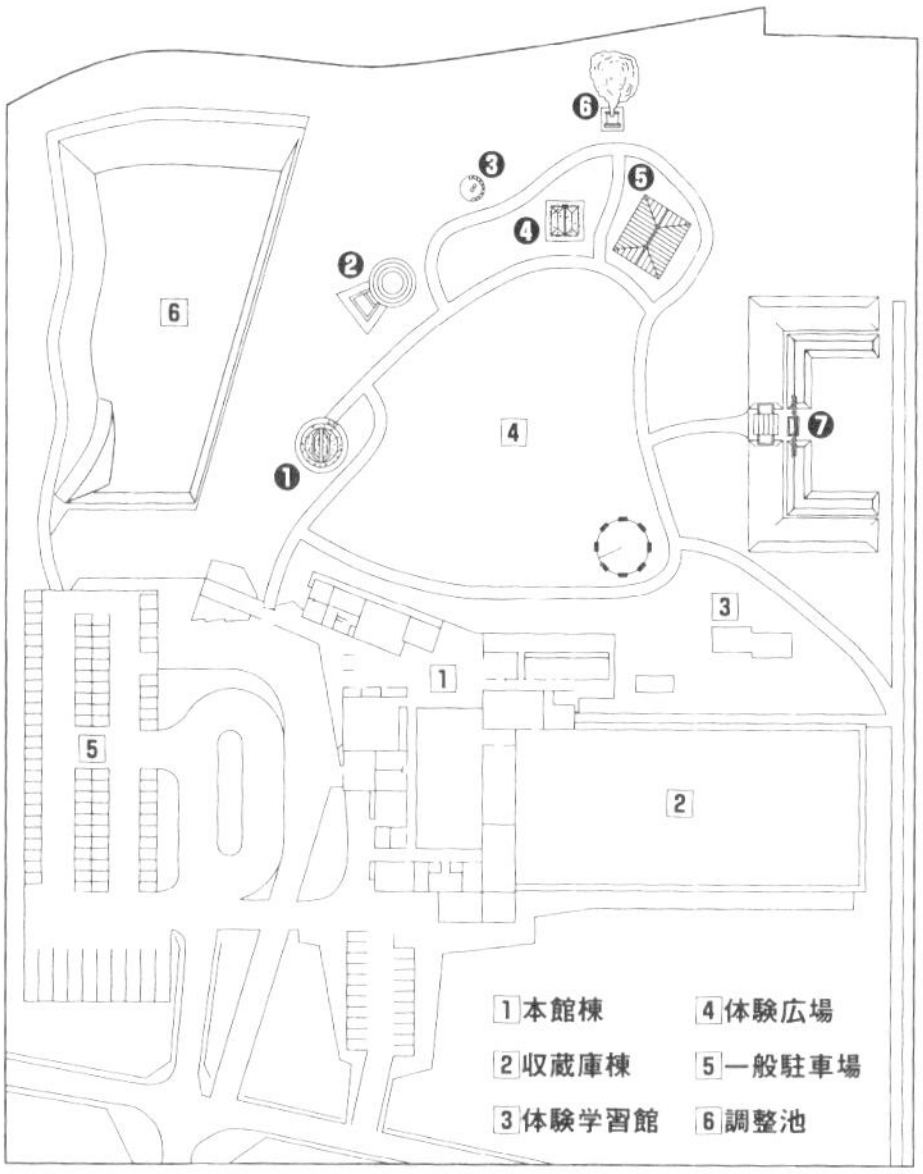

野外展示

❶縄文時代の家
❷前方後円墳
❸お休み所
❹奈良時代の家
❺奈良時代の米倉
❻平安時代の製鉄炉
❼室町時代の館

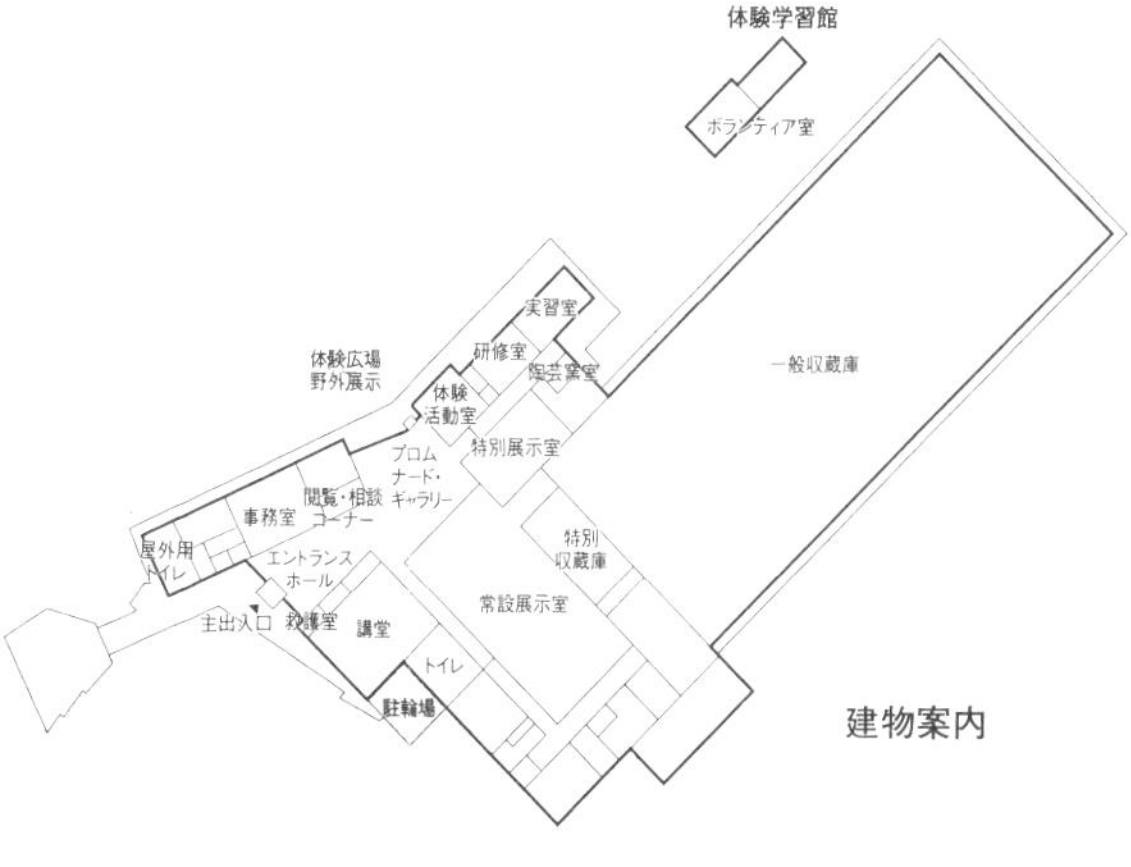

建物案内

参考文献

穴沢咊光・馬目順一　一九八六「福島県の古墳と横穴」『福島の研究』一　清文堂
網干善教他　一九八四「東北地方南部における終末期古墳の調査」『関西大学考古学研究紀要』四　関西大学考古学研究室
石井　亘　一九八四『泉崎横穴を考える』
石井洋光・鈴木一寿　二〇〇五『観音山横穴墓群』白河市教育委員会
石本弘　一九九七『関和久上町遺跡試掘調査報告書』泉崎村教育委員会
岩越二郎　一九三六「西白河郡烏峠附近の遺蹟遺物に就いて(上)」『岩磐史談』第七号　岩磐郷土研究会
岩越二郎　一九三六「西白河郡烏峠附近の遺蹟遺物に就いて(中)」『岩磐史談』第八号　岩磐郷土研究会
岩越二郎　一九三六「西白河郡烏峠附近の遺蹟遺物に就いて(下)」『岩磐史談』第九号　岩磐郷土研究会
岩越二郎　一九六〇「借宿廃寺址その他について」『白河史談』第一号　白河史談会
梅宮茂　一九六四「福島県発見の埴輪について」『福島考古』第五号（再録）福島県考古学会
岡田茂弘・平川南・辻秀人他　一九九四『関和久上町遺跡』福島県教育委員会
岡田茂弘・工藤雅樹他　二〇〇一『史跡関和久官衙遺跡保存管理計画書』泉崎村教育委員会
河上邦彦　二〇〇四「被葬者は中央の高官?……谷地久保古墳」『飛鳥発掘物語』産経新聞社
河上邦彦　二〇〇五『大和の終末期古墳』学生社
木本元治　二〇〇五「陸奥南部の官衙・寺院」『日本考古学協会二〇〇五年度福島大会シンポジウム資料集』日本考古学協会二〇〇五年度福島大会実行委員会
工藤雅樹　二〇〇一『律令国家とふくしま』歴史春秋社
工藤雅樹他　一九九六『大壇古墳群発掘調査報告』石川町教育委員会

坂本太郎・井上光貞他　一九九五　『日本書紀（4）』　岩波文庫
白河市教育委員会　二〇〇五　『借宿廃寺跡見学会資料』
嶋村一志　二〇〇三　『村内遺跡試掘調査報告書Ⅰ』　泉崎村教育委員会
嶋村一志　二〇〇四　『村内遺跡試掘調査報告書Ⅱ』　泉崎村教育委員会
鈴木功　一九九七　『市内遺跡詳細分布調査報告書』　白河市教育委員会
鈴木功　二〇〇一　『舟田中道遺跡Ⅰ』　白河市教育委員会
鈴木功　二〇〇二　『舟田中道遺跡Ⅱ』　白河市教育委員会
鈴木功・佐藤圭司　二〇〇二　『谷地久保古墳発掘調査報告書（第三次調査）』　白河市教育委員会
鈴木功・佐藤圭司　二〇〇四　『借宿廃寺跡確認調査報告書Ⅰ』　白河市教育委員会
鈴木功・佐藤圭司　二〇〇五　『借宿廃寺跡確認調査報告書Ⅱ』　白河市教育委員会
鈴木功他　二〇〇五　「野地久保古墳の発見」『福島考古』第四六号　福島県考古学会
鈴木啓他　一九七四　『関和久遺跡―県道拡幅工事に伴う調査―』　泉崎村教育委員会
鈴木啓・木本元治・辻秀人他　一九八五　『関和久遺跡』　福島県教育委員会
鈴木啓他　一九九一　『白河市史五　古代・中世』　白河市
鈴木啓　一九九三　『福島の歴史と考古』　纂集堂
鈴木啓　二〇〇四　「大和国家の進出、奈良時代の白河地方、平安時代の白河地方」『白河市史一　原始・古代・中世』　白河市
鈴木一寿　二〇〇一　『下総塚古墳発掘調査報告書（第四次調査）』　白河市教育委員会
鈴木一寿　二〇〇二　『下総塚古墳発掘調査報告書（第五次調査）』　白河市教育委員会
鈴木一寿　二〇〇三　『下総塚古墳発掘調査報告書（第六次調査）』　白河市教育委員会
鈴木一寿・鈴木功　二〇〇五　『谷地久保古墳発掘調査報告書（第四次調査）』　白河市教育委員会

高橋信一他　一九九九『関和久関連遺跡調査報告書』泉崎村教育委員会

辻　秀人　一九八八『陸奥の古瓦』福島県立博物館

辻　秀人　一九九二『図説　福島の古墳』福島県立博物館

戸田有二他　一九九六『関和久遺跡』泉崎村教育委員会

内藤政恒　一九三五「磐城國西白河郡五箇村借宿の遺蹟遺物に就いて」『考古学雑誌』第二五巻一一号　日本考古学会

根本信孝　一九八五『大岡Ⅰ』表郷村教育委員会

根本信孝・鈴木啓他　二〇〇一『白河市史四　自然・考古』白河市

福島雅儀　一九八三「福島県の終末期古墳・二例」『文化福島』第一三四号　（財）福島県文化センター

福島雅儀他　一九八三『七軒横穴群』矢吹町教育委員会

福島雅儀　一九八六「阿武隈川上流域の切石積横穴式石室」『考古学雑誌』第七二巻二号日本考古学会

福島雅儀　一九八九「福島県の横穴式石室」『東日本における横穴式石室の受容』千曲川水系古代文化研究所・北武蔵古代文化研究所・群馬県考古学研究所

福島雅儀　一九九二「陸奥南部における古墳時代の終末」『国立歴史民俗博物館研究報告第四四集』国立歴史民俗博物館

福島雅儀　一九九七「東北地方の横穴式石室」『シンポジウム横穴式石室と前方後円墳』第2回東北・関東前方後円墳研究大会

福島県教育委員会　一九七一『福島県の寺院跡・城館跡・文化財基礎調査報告書』

一九七六『白河風土記』歴史図書社

一九〇八『集古十種』第四　国書刊行会

おわりに

平成八年、舟田中道遺跡の調査に着手したとき、現在の状況が待ち受けていることは、まったく予想し得なかったことである。舟田中道遺跡における豪族居館跡の発見がもたらした大きな波、この波にのまれることなく、何とか漂いつづけ、現在という岸辺にたどり着けたのは、調査から遺跡の保存に対して、大きな力を与えてくれた人びとのお陰である。この保存がなければ、その後に展開した下総塚古墳・谷地久保古墳・借宿廃寺跡の調査へは、たどり着かなかったと思う。当初計画を変更し、遺跡の現状保存に取り組んだ舟田中道遺跡は、紆余曲折がありながらも、一年後に遺跡保存が図られることになった。このできごとは、「遺跡の保存」を口にすることの重大さ、実現することのむずかしさを教えてくれた。

豪族居館跡の発見が、現在の状況に繋がるすべての始まりであったが、その後に行われた下総塚古墳・谷地久保古墳の調査は、それまでの認識を改める画期的な成果をもたらし、大化改新前後における白河の中枢域の姿を明らかにした。調査の成果をもとに、下総塚古墳・舟田中道遺跡・谷地久保古墳の三遺跡は、地権者の方々の協力を得て、平成十七年夏、国史跡の指定を受けた。性格は異なるが関連性を有する遺跡群を、セットで指定するという新たな指定の形である。これらの遺跡は、調査により一定の成果を得たが、今後さらなる実像解明に向けた検証作業とダメージを受けた遺跡を整備し、地域に根ざした文化財として活用を図るといった、大きな課題が残されている。点で存在しつつも、線で結ばれている遺跡群。目に見えない線を、いかに見せるか。大いに悩み具現化したいと思う。

遺跡の解明に情熱を燃やした人びと、遺跡の保存に対して多くの犠牲を払いながらも協力してくれた人びと、残された遺跡群の舞台裏には、数え切れない多くの人びとの思いが渦巻いている。こうした人びとの思いを忘れることなく、今後も真摯に遺跡と向きあい、白河郡衙と周辺遺跡群の実態解明に取り組んでいきたいと考えている。

最後に、舟田中道遺跡の保存・指定に対し、大きな力を与えてくださった文化庁坂井秀弥氏、いく度となく白河へ足を運び県の立場からご尽力いただいた玉川一郎氏、下総塚古墳・谷地久保古墳・借宿廃寺跡の調査にあたり、ご指導いただいている岡田茂弘先生・金子誠三先生・鈴木啓先生・工藤雅樹先生・辻秀人先生に感謝申し上げます。

そして、遺跡の調査から保存、指定にいたるまで、ご協力いただいた地権者の方々、地域住民の方々、現場作業から報告書刊行にいたるまで支えていただいた作業員のみなさん、いつも助言をいただく研究者諸氏、友人、職場の同僚に対して、あらためて感謝申し上げます。

なお、本書の刊行にあたり、泉崎村教育委員会、福島県立博物館、福島県文化財センター白河館、白河市教育委員会より資料の提供をいただきました。記して感謝申し上げます。

菊池徹夫
坂井秀弥　企画・監修「日本の遺跡」

10　白河郡衙遺跡群《しらかわぐんがいせきぐん》

■著者略歴■

鈴木　功（すずき・いさお）

1961年、福島県生まれ
國學院大學文学部史学科卒業
現在、白河市教育委員会文化課主任主査兼文化財調査係長
主要論文等
「鍛冶遺構の調査方法」『福島考古』第33号　福島県考古学会　1992年
「福島県内における鍛冶遺構について」『論集しのぶ考古―目黒吉明先生頌寿記念―』論集しのぶ考古刊行会　1996年
「陸奥国白河郡衙関連遺跡群」『日本歴史』第634号　2001年
『白河市史　4　自然・考古』（共著）白河市　2001年
『白河市史　1　原始・古代・中世』（共著）白河市　2004年

2006年5月10日発行

著　者　鈴《すず》木《き》　功《いさお》
発行者　山脇　洋亮
印刷者　亜細亜印刷㈱

発行所　東京都千代田区飯田橋 4-4-8　東京中央ビル内　（株）同成社
TEL 03-3239-1467　振替 00140-0-20618

ISBN4-88621-354-5 C3321

シリーズ

日本の遺跡

菊池徹夫・坂井秀弥　企画・監修

四六判・定価各一八九〇円

【既刊】

①西都原古墳群　南九州屈指の大古墳群　北郷泰道

②吉野ヶ里遺跡　復元された弥生大集落　七田忠昭

③虎塚古墳　関東の彩色壁画古墳　鴨志田篤二

④六郷山と田染荘遺跡　九州国東の寺院と荘園遺跡　櫻井成昭

⑤瀬戸窯跡群　歴史を刻む日本の代表的窯跡群　藤澤良祐

⑥宇治遺跡群　藤原氏が残した平安王朝遺跡　杉本　宏

⑦今城塚と三島古墳群　摂津・淀川北岸の真の継体陵　森田克行

⑧加茂遺跡　大型建物をもつ畿内の弥生大集落　岡野慶隆

⑨伊勢斎宮跡　今に蘇る斎王の宮殿　泉　雄二

⑩白河郡衙遺跡群　古代東国行政の一大中心地　鈴木　功

【続刊】

⑪山陽道駅家跡　西日本を支えた古代の道と駅　岸本道昭

⑫秋田城跡　大和朝廷の最北の守り　伊藤武士